## はじめに

　平成15年７月に長崎市で悲しい事件が起こりました。長崎男児誘拐殺害事件です。犯人が中学１年生の少年だったことに私たちのショックは大きいものでした。犯人の少年には発達障害があったことが報道されました。「アスペルガー症候群」という診断名も公になってしまいました。発達障害が犯罪には直結しないことは専門家が指摘しているとおりですが、両親を含め周辺がもっと早くこの少年の生まれながらの障害に気付いていればこの事件は防げたのではないだろうか、この少年が幼児の頃から正しい対応を受けていればこの事件は防ぐことができたのではないだろうか等、教育相談の現場では、この少年のことが相談機関にまったく上がってこなかったことを悔やみました。そして、高機能自閉症とアスペルガー症候群などの自閉性障害についてのより一層の啓発が必要であると強く感じたのです。

　高機能自閉症（アスペルガー症候群を含む）の子どもたちは言動がマイペースで融通性が乏しいという特性がありますが、知的な遅れがないため通常学級に通っています。教育相談の経験から感じることは、教師の多くは障害の本質を理解していないということです。適切な指導があまりなされていないのです。特に心配なのは、周りからわがままと思われたり、他児に同調できないために、「いじめ」の対象となり、ついには不登校に陥るなどの二次的な障害が出ることです。

　今、一番必要なのは、"教師が高機能自閉症について正しく理解し、特性に応じた対応をする"ことです。彼らは、本当は「まじめでよい子」なのです。

　本書は、そんな「特別な教育的ニーズ」のある高機能自閉症とその周辺の子どもたちへの理解をはかるとともに、対応や指導のヒントになることを願って作成したものです。本書で紹介する対応や指導のヒントは、ＬＤ（学習障害）やＡＤＨＤ（注意欠陥/多動性障害）等の軽度発達障害児への教育を基底にしています。指導法に共通の部分が多いからです。それに加え、教育現場で行われてきた自閉症児への指導の工夫も併せて紹介しています。また、本書は教育という視点で書かれています。病気のＡ君ではなく、一人の子どものＡ君という視点です。

　教師が「特別な教育的ニーズ」のある子どもたちの特性を理解し、一人一人の実態に合った具体的な取り組みを工夫することはとても大切です。多くの方々に活用していただき、すべての子どもたちが楽しい学校生活を送れるようにと願っています。

　また、盲・聾・養護学校においても、教育相談で利用していただけたらと思っています。さらによりよいものになるよう御教示いただければ幸いです。

　　　平成17年３月

　　　　　　　　　　　　　　　　　　　　　　　　　　　　　尾崎洋一郎

# 目　　次

はじめに

読み始める前に

## 理解のために

こんな子いるかな？……………………………………………………………… 3

グレーゾーンの子どもたち……………………………………………………… 4

自閉的な障害には連続性がある………………………………………………… 6

高機能自閉症とは………………………………………………………………… 8

アスペルガー症候群とは………………………………………………………… 9

自閉的な障害の特徴……………………………………………………………… 10

自閉症児の世界…………………………………………………………………… 14

高機能自閉症児の学校での様子………………………………………………… 19

高機能自閉症児の特徴及び理解………………………………………………… 22

なぜ話が通じないのか…………………………………………………………… 28

パニックの原因…………………………………………………………………… 30

障害は犯罪に直結せず…………………………………………………………… 32

## 対応を考える　―理論編―

行動の改善には時間が必要……………………………………………………… 35

発想の転換を！……………………………………………………36
支援のポイント三段階………………………………………………38
 Ⅰ 子どもの周りを変えよう………………………………40
  ① 教室での環境を整えよう
  ② 教師自身の接し方を見直そう
  ③ 保護者の心を支えよう
 Ⅱ 子どもに自信をつけさせよう…………………………55
  ① できた！という達成感を
  ② こだわりを生かそう
  ③ いじめから守ろう
  ④ 社会的常識を教えよう
 Ⅲ 子どもの特性から指導法を考えよう…………………64
  ① 課題の内容を視覚化する工夫
  ② 見通しが得られるような提示の工夫
担任の先生方に再度お願いしたいこと……………………………70

## 対応を考える　―実践編―

その子を知ることから対応は生まれる……………………………72
こんな様子が見られませんか？……………………………………73
集団で行動するときにトラブルを起こす…………………………74
授業中に席を立ち歩いて回る………………………………………76
自分の好きなことに夢中で次の授業に入れない…………………78
遊びやゲームでルールの理解が難しい……………………………80
一方的に話す…………………………………………………………82
ことばの内容が理解できていないようにみえる…………………84

一番になることにこだわる……………………………………………………86
よい子のイメージへの基準の狭さ……………………………………………87
新奇場面や通常と異なる場面への適応の困難さ……………………………88
パニックになる…………………………………………………………………90

おわりに…………………………………………………………………………92

## 参考資料

高機能自閉症の定義と判断基準………………………………………………94
参考文献等………………………………………………………………………95

## ～ 読み始める前に ～

○「自閉症」という病気がどういうものなのかを、少し知っておいてください。

　自閉症は、専門医により、三つの診断基準や各検査結果等により診断されます。症状の重い子から軽い子までいます。自閉症に見られる大きな障害は下記のとおりです。

### 1．対人関係の障害

　視線が合わないことが多いです。表情や身振りで表現するなどの、ことば以外での表現がほとんどありません。楽しいなどの感情を他人と共有することも難しいです。したがって、集団活動ができにくいのです。

### 2．コミュニケーションの障害

　話しことばの発達が遅れていて、会話がうまくできません。おうむ返しで言ったり、独り言だったりします。

### 3．興味・活動の偏り（こだわり）

　興味や活動の範囲が極端に狭いのです。同じことばかり繰り返し行ったり、周りの変化を極端にきらうなどのこだわりがあります。

以上の他にも，「感覚の過敏さ」や「認知の障害」などもみられます。

# 理解のために

## 理解のために

# こんな子いるかな？ －高機能自閉症児の理解のために－

特に知的な遅れは感じられないのに
集団活動を嫌がるな‥‥
他の子どもたちとはどこか違う、変わっている、何か変だな‥‥

- ことばの捉え方が何か変 すぐ誤解する 
- 場面に不相応な行動をする 周りが楽しんでいるのに無関心 
- 妙に理屈っぽい 
- 図工など、熱中するといつまでもやっている 
- 相手の感情を害する発言が多い  
- 特定のことについて物知り（「鉄道博士」「漢字博士」など） 
- 軽く触れられただけなのに友だちを叩いたりする 
- やりたくない課題はやらない（回避する） 
- 大きな音を嫌がる 
- やりたいことを阻止されたとき、かんしゃく（パニック）を起こす 
- 身体の動きが不器用である

　このような様子が見られる子どもの中には、社会になかなか適応できない高機能自閉症の子どもがいるかもしれません。そんな子どもたちを正しく理解するために、本書を利用してください。

# グレーゾーンの子どもたち

　最初に確認しておきたいことですが、高機能自閉症とアスペルガー症候群の子どもたちは以前から存在していました。突然、まったく新しい病気の子どもたちが現れたのではありません。耳新しい診断名なので、意外に教育現場での誤解が多いようです。最近、目立つようになってきたということです。しかし、出現率の増加については、まだはっきりとは分かっていません。

## 1. 脳の障害には連続性がある

　正常範囲の子どもたちから障害のある子どもたちまでは、連続した存在です。ここからが障害児であるとはっきり線引きすることは出来ません。正常と障害の中間層をグレーゾーンと呼び、そこに属するのがグレーゾーンの子どもたちです。グレーゾーンの子どもたちを以前は広くLD（学習障害）と呼んでいました。現在は、軽度発達障害児と呼んでいます。この場合「軽度」とは、軽いということではなく「明らかな知的遅れがない」という意味です。したがって、知能は正常でも障害の本質は重度であるということもありえます。なお、『軽度発達障害』という用語は正式な医学の診断名ではありません。しかし、学会などでも慣用的に広く使用されています。軽度発達障害に属するものの代表として、LD（学習障害）、ADHD（注意欠陥／多動性障害）、高機能自閉症があります。

　なお、文部科学省では、「軽度発達障害」の表記は、その範囲が明確でないこと等の理由から、原則として使用しないことになりました。

---

○「発達障害」の用語について
　学術的な発達障害と行政施策上の発達障害とは一致しません。本来、医学の分野では、「発達期（18歳未満）に比較的重度に現れる脳機能障害を指し、視覚障害や聴覚障害などの感覚障害は含まない。」とされ、知的障害や脳性マヒ、てんかん、広汎性発達障害、LD、ADHDなどが上げられています。教育や福祉の分野で使用される行政施策上の発達障害は、「発達障害者支援法」の定義によっています。その範囲は、自閉症、アスペルガー症候群その他の広汎性発達障害、LD、ADHDなどです。

理解のために

```
┌─────────────────────┐
│      正常範囲        │
│                     │
│                     │
│  グレーゾーン        │ ─ 6.3%
│  （LD、高機能自閉症等）│
│                     │
│  通級による指導、特殊学級、│
│  盲・聾・養護学校で教育を │ ─ 1.744%
│  受けている子どもたち   │
└─────────────────────┘
```
連続性がある

ここからが障害があるとはっきり線引きできるものではありません

## 2．障害の特性には重複がある

　子どもによっては、診断名が変更していくという場合があります。小学校低学年の頃にADHDと診断された子どもが中学生になってアスペルガー症候群と変わっていく等です。これは、その時期はその診断基準に当てはまっていた、ということです。軽度発達障害の場合、特性が重複するため、たとえばADHDとよく似た行動を示す高機能自閉症の子どももいます。

【文部科学省による全国実態調査：2002年】　　　※担任教師が回答

| A：LD（学習障害）及び、その周辺の子どもたち | 4.5％ |
|---|---|
| B：ADHD　　　及び、その周辺の子どもたち | 2.5％ |
| C：高機能自閉症　及び、その周辺の子どもたち | 0.8％ |

（注：ABCの表現は、分かりやすく記述したため、原本とは異なっている）

A・B・Cの関連

| AかつB　1.1％ | BかつC　0.4％ | CかつA　0.3％ |
|---|---|---|
| AかつBかつC　0.2％ | | |

## 自閉的な障害には連続性がある

　人間関係をうまく作れない、人間関係がよく分からないという自閉的な障害には、障害の連続性があります。

　自閉症の研究が進む中で、1980年代になると、典型的な自閉症以外にも自閉症によく似た障害をもっているグループが存在することが分かってきました。そこで、自閉症を、重度の知的障害を伴うものから知的に障害のないものまで、連続体として捉えようという考え方が出てきました。これが『自閉症スペクトラム（自閉症連続体）』です。

　「自閉症スペクトラム（自閉症連続体）」は、正式な医学の診断名としては『広汎性発達障害』と呼ばれています。「広汎性」とは、広域な領域に発達の乱れを抱えているという意味です。もともと「広汎性発達障害」とは、典型的な自閉症に限らず、自閉症に似ているけど少し違うという、いわゆる自閉的な特徴をもっている状態の総称として理解されてきました。しかし、近年は、この概念が一つの「診断名」として使用されるようになっています。

※広汎性発達障害：Pervasive Developmental Disorders
　　　　　　頭文字をとって「ＰＤＤ」と表すこともある。

　広汎性発達障害の中には、特徴的な行動様式を共通にもっているグループがあり、これらは独立して診断名が付けられています。その中に、「高機能自閉症」と「アスペルガー症候群」もあります。

※公文書などで「高機能自閉症等」と表記してある場合、その「等」とはアスペルガー症候群を指しています。

連続体としてとらえるとわかりやすくなります

## 理解のために

### 自閉的な障害の連続性

【教育的視点からのイメージ図】

自閉的な障害の特徴がまったく感じられない健常の子どもたち

正常範囲だが、アスペルガー症候群に近い子どもたち

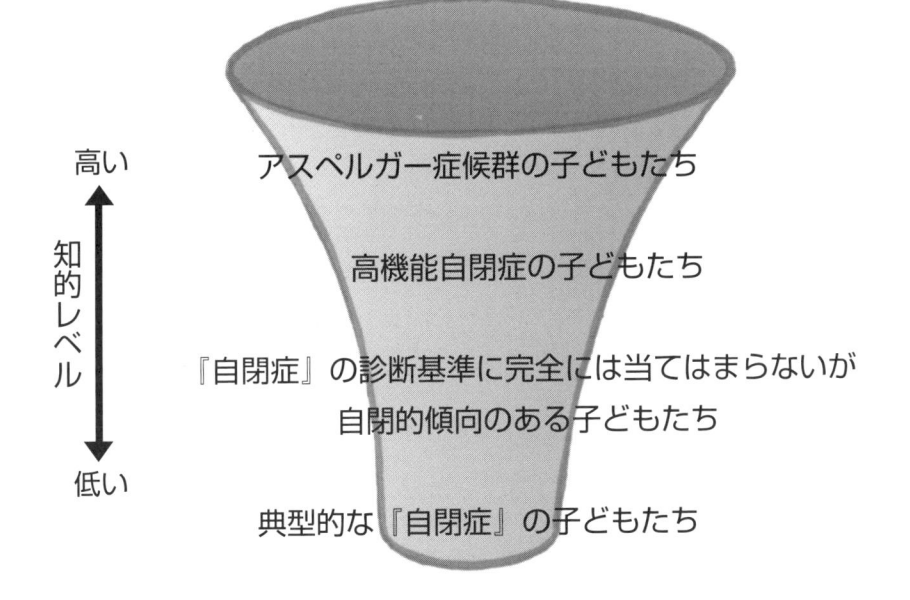

↑高い
知的レベル
↓低い

アスペルガー症候群の子どもたち

高機能自閉症の子どもたち

『自閉症』の診断基準に完全には当てはまらないが
自閉的傾向のある子どもたち

典型的な『自閉症』の子どもたち

> 自閉的な障害も線引きできるものではありません

　知能とことばの発達の遅れがある典型的な「自閉症」から、知能の遅れをどんどん軽くしていき、知的障害がなくなった状態が「高機能自閉症」であり、そこからことばの遅れをどんどん軽くしていき、ことばの遅れがなくなったのが「アスペルガー症候群」である、と考えれば分かりやすいでしょう。その中間に位置する子どももいますので、両者を厳密に区別する必要はないとする説もあります

## 高機能自閉症とは

　高機能自閉症とは，3歳位までに現れ、①他人との社会的関係の形成の困難さ、②言葉の発達の遅れ、③興味や関心が狭く特定のものにこだわることを特徴とする行動の障害である自閉症のうち、知的発達の遅れを伴わないものをいう。
　また、中枢神経系に何らかの要因による機能不全があると推定される。

「今後の特別支援教育の在り方について（最終報告）」平成15年3月
特別支援教育の在り方に関する調査研究協力者会議

※高機能自閉症：High Functioning Autism の頭文字をとって「ＨＦＡ」と表すこともある。

要点　①知的発達に明らかな遅れはない（知的障害とは区分する）。
　　　　教育的視点からは、ＩＱ値70以上（発達の可能性を考慮）。
　　　②知的障害はないが、あくまでも自閉的な特徴を持っている
　　　　（知的障害のない自閉症である）。
　　　③障害の背景として，中枢神経系に何らかの機能障害があると推定する
　　　　（脳の働きに関係する原因が推定される）。

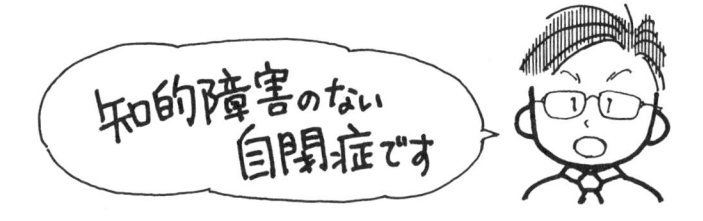

　知的障害のない自閉症です

　高機能自閉症自体の医学的診断基準はありません。医師から高機能自閉症と診断されるのは、「自閉症の診断基準に合致し、WISC知能検査で全ＩＱ85以上」というのが一般的のようです。なおＩＱ値は教育的視点を含んで考えられる場合もあります。

理解のために

## アスペルガー症候群とは

　アスペルガー症候群とは、知的発達の遅れを伴わず、かつ、自閉症の特徴のうち言葉の発達の遅れを伴わないものである。なお、高機能自閉症やアスペルガー症候群は、広汎性発達障害（PDD）に分類されるものである。
「今後の特別支援教育の在り方について（最終報告）」平成15年3月
特別支援教育の在り方に関する調査研究協力者会議

※アスペルガー症候群：Asperger's Syndrome の頭文字をとって「AS」と表すこともある。

要点　①知的発達に明らかな遅れはない。
　　　②言葉の遅れはないが、あくまでも自閉的な特徴を持っている
　　　　（言葉の達者な自閉症である）。
　　　③高機能自閉症と基本的な問題は同じである
　　　　（問題の本質は変わらない）。

言葉の達者な自閉症です

　高機能自閉症とアスペルガー症候群は、医学的には分類されています。しかし、教育として見た場合、教育的な支援を進めるのに両者に大きな違いはありません。文部科学省はアスペルガー症候群を「教育的対応上は高機能自閉症と同様と考えることができる」としています。したがって教育の分野では、高機能自閉症と表現した時は、一般的にアスペルガー症候群も含めて考えています。

　高機能自閉症は、少なくとも250人から300人に1人以上存在すると考えられています。周辺の子どもたちも含めると、3クラスに1名位は適切な対応が必要な子どもがいることになります。

　ハンス・アスペルガー：オーストリア・ウィーン大学小児科学教授、小児科医
1944年「子どもの自閉性精神病質」を報告（我が国では、「アスペルガータイプの自閉症」という言い方で知られていた）　1980年 没
　1981年「アスペルガー症候群」と命名される。

# 自閉的な障害の特徴

　通常学級に在籍している『高機能自閉症及びアスペルガー症候群』と特殊学級や養護学校に在籍している『知的障害を伴う典型的な自閉症』とは、自閉的な障害という問題の本質に違いはありません。「知能が高いか低いか」とか、「言語発達がいいか悪いか」ということで分けることは問題の本質という視点からはあまり意味がないのです。

　すなわち、高機能自閉症も広汎性発達障害である以上、自閉的な障害としての基本的な特徴をもっています。まずは、その特徴を理解することが必要です。

---

○「自閉症」という病名への誤解
　「自閉症」という名称から、「心を閉ざす病気」であるとの誤解が、教育現場でもまだあります。たとえば、学校で話をしない場面かん黙の子どもを自閉症と誤って言ったりしています。自閉症は基本的にはコミュニケーション障害であり、心を閉ざす病気ではないのです。

---

○ ことばの役割
　ことばはコミュニケーションの道具として使われていますが、実は思考のための道具でもあります。私たちは何か考えるときに、通常ことばで考えています。「あれをこうしよう」とか、すべてことばで考えているのです。したがって、ことばが少ないということは思考する道具が少ないということになります。

理解のために

## 1．コミュニケーションがうまくできない

　ことばがたくさん出ていることと、意思の疎通ができること、すなわちコミュニケーションができていることとは別のことです。通常、私たちが「あの人とはコミュニケーションできない」というのは、共感的な感情の交流がどうもしっくり来ない、気持ちが通じ合わないということでしょう。これと同じことが起きるのです。

　会話において、相手とかみ合ったやり取りができなかったり、かみ合ったやり取りが続かなかったりします。人との関係が、自分の考えや気持ちによる一方的なものになりやすく、相手の波長に合わせることが難しいのです。

```
相手の状況を考える
その場の雰囲気を感じる      } これらが弱い
相手がどのように感じるかを察する
```

　コミュニケーションに用いられる表情や身振り等、さまざまな手段をうまく使ったり理解することが困難です。その結果、会話がかみ合わなかったりとんちんかんになったりするのです。

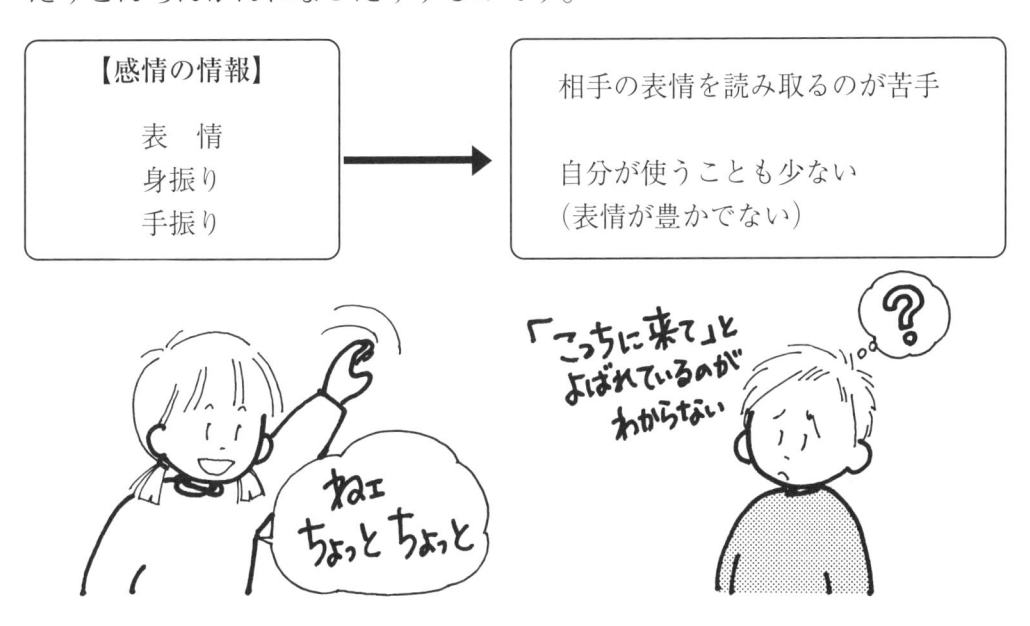

```
【感情の情報】          相手の表情を読み取るのが苦手
  表　情
  身振り      →      自分が使うことも少ない
  手振り              （表情が豊かでない）
```

「ねェ ちょっと ちょっと」

「こっちに来て」とよばれているのがわからない

## 2．社会性の発達に障害がある

　私たちは、常識と言われるものや社会のルールを共有していますが、そのような常識、社会のルールを守るといういわゆる社会性が欠如しています。このことは、相手や周囲の状況が見えず、ただひたすら自分自身の心に素直で正直なだけなのです。本人に悪意はありません。

〈例〉「ブランコは順番にのる」というルールの意識がない

まだのってるみよ

## 3．興味や関心がひどく限定されている

　「こだわり」があります。一度、ある物（事柄）が気に入る、あるいは気になると、注意がそこに引きつけられてしまい、そこから離れにくいのです。したがって、時と場合に応じて柔軟に対応できなくなり、「融通が利かない」と言われることが多いのです。

〈例〉毎日決まった通り方をかえない

1の1　1の2…　…4の1…

必ず教室の表札を全部見て回ってから自分の教室に入る

（すぐに入らないと間に合わないときでも）

---

○ 自閉症を理解するために
　自閉症というのは、想像以上に重い障害であることを最初に認識しておく必要があります。また自閉症は、ことばでは説明しにくいニュアンスがあるのも事実です。したがって、自閉症を本当に理解するためには、自閉症児と接することが一番よいと思います。

## 4．想像力（見えないものを推測する力）が欠如している

　目の前にない、表面上現れていない等、そこにない物事を考えることが困難です。そこに示されていない事柄に気づくことや考えることが難しいのです。

　人間関係で一番大切なものは、相手の感情を推測する力です。相手が今何を感じているかを感じ取る力です。これが欠如しているのです。この「想像力の欠如」こそが他の特徴の背景をなすものと考えられています。

| 【通常の場合】相手が知っているだろうと思われることは、あえて会話の中では話さない | → | 【広汎性発達障害】相手が話したこと、話されただけの部分をそのまま受け取り、自分が理解した範囲で応答する |

　　　　　　　※ 会話がかみ合わない

卒業をひかえたある日

暗黙の了解としてわざわざ言わない
「思い出や感謝の気持ちを言って」
「文集にのせるから『先生へひと言』どうぞ」
「先生、ペリーって身長2mくらいあったらしいです」

○ 想像と空想（ファンタジー）
　自閉症児の「想像力の欠如」の想像とは「おしはかること」を指します。現実に目の前にない物事について、過去の経験を組み合わせるなどして新しい心像（イメージ）をつくることは可能です。特に空想の世界に入ることも多くみられます。筆者（尾崎）が担任した自閉症児は、アンパンマンとオザキマンがいつも頭の中で楽しく遊んでいる様子をよく話してくれました。

# 自閉症児の世界

　自閉的な障害の本質をより一層理解するためには、自閉的な障害が最も重い状態である「自閉症」のことを知っておく必要があります。対応を考える上での大きなヒントが隠されています。

　自閉症の人たちは、私たちとは「文化の違う人たち、違う世界に住んでいる人たち」とよく言われます。高機能自閉症児の理解や指導法を考えるとき、このことを知らないと一人一人に応じた教育にはなりません。そこで、どのような特性の共通点を持って、どのような世界に住んでいるのか、自閉症児の側から見た世界を、彼らの手記などを参考に想像してみたいと思います。

　まず、障害児教育の現場では、自閉症児へは「不安にさせない、怖がらせない」というのが基本になっています。彼らは、音や光、あるいは触れられることに対してひどく敏感だったりする「知覚過敏」等の知覚の障害があるからです。そして、視覚刺激や聴覚刺激等の周りの情報に意味を持たせることが弱いため、周りのことがよく解らないのです。特に低年齢の頃は、意味のある世界ではなく、感覚そのものの世界にいるようです。

○ なぜ、不安なのか
・周りで起こっていることを理解することができない
・これから先の見通しを立てることができない
・自分の言いたいことを伝えることができない
　　　　　　　↓
　そこから脱出するイメージができない

○「自閉症」という名称について
　今から半世紀以上も前の1943年、米国の児童精神科医レオ・カナーは、知的障害とされていた子どもたちの中に他人との情緒的接触の障害を特徴とするものが存在することを学術的に報告しました。カナーはこれを「早期小児自閉症」と名付けました。現在では、「自閉症」といえば知的な遅れを伴う「カナータイプの自閉症」のことを通常指しています。

理解のために

## 1. 目で見てものを学んでいく

　視覚的な情報に安心感があるのです。自閉症児のことを「視覚的な学習者」という言い方をする場合もあります。たとえば、ことば（音声）は見えませんので、音声で伝えられたことばの意味を理解することには困難さを伴います。

　また、思考するときに、ことばでものごとを考えることも困難です。映像で考えるのです。ことばを素早く映像に変えて、絵をつなぎ合わせて考えるのです。したがって、映像にできないことばは非常に困るのです。概念化が難しいといえます。同じように、視覚的に説明できない（映像にできない）概念の理解も難しいのです。

　　○ 視覚的に説明できない概念の例
　・抽象的な概念　→「正直」「親切」「協力」「幸福」「世間」など。
　・時間の概念　　→ 時刻は読めるが、時間の流れは理解しにくい。時間が流れて終りがある、ということが分からない。
　・空間の概念　　→ 空間に境目がない、教室も廊下も同じように感じている。それぞれの空間には、意味付けがされ性格が異なるということが解らない。また、時間を追ってその空間の性格が変更されていくというようなことも理解が難しい。
　・感情のようなもの →「悲しみ」「怒り」「悪意」「嫉妬」など。

視覚的に説明できないものは難しい

「幸福」の概念を理解するために「ホットケーキから湯気が出ている」という映像で考える人もいます

○ 見えない概念を理解できない不便さ
　私たちがあたりまえに持っている時間や空間の概念を持たないということ、このことが日常生活でどれほど不便なことか、どれほど苦労することかを考えてみてください。自閉症児はそのような大変な世界で生きているのです。このことをぜひ理解してほしいと思います。

## 2．具体性、規則性のあることが分かりやすい

　例外がなく、常に一定であることをよく覚えます。歴史の年号やカレンダー、その人の生年月日や干支などです。
　自閉症児は、ある種の事柄に関して多くの人ができないことができる場合があります。しかし、それは多くの場合、社会的に価値のあるものではありません。

## 3．想像しなければ分からないものは理解が難しい

　視覚的でない、具体的でない、規則性がないもの、そこに意味をもたらすもの、それは想像力です。自閉症児はここに困難があるのです。逆に考えてみてください。想像力が欠如しているために視覚的な情報や具体的な情報を手がかりにせざるをえないともいえるでしょう。自閉症児にとって、見て分かるものと想像によって分かるものとの間には、理解の程度に大きな差があるのです。

---

○　自閉症児は嘘をつくことが苦手
　「人間の感情のようなもの」、これは想像力が働かなかったら理解できません。自閉症児は、もしこう言えば相手はどう思うか、どう感じるかを想像することが難しいのです。だから、思った通りのこと、事実をそのまま言ってしまうのです。私たちは相手によかれと思ったら「悪意のない嘘」をつくことができます。嘘の世界を持っているから世の中をうまく生きられるのかもしれません。

## 4．少数の特定のものに対してこだわりやすい

　興味関心、意識や認識の焦点の範囲が非常に狭いのです。そして、そこだけが明るく強いのです。「カレンダー少年の特殊な能力」と「教師の背広のボタンが止めてなかったら気になって、止めることだけにこだわること」とは違うように見えますが、根本は同じことなのです。何に興味、意識の焦点が向かうかというだけのことなのです。

　関心、意識の範囲が狭い、ということによく似た現象として、「複数の情報を同時に処理できない」ということがあります。たとえば、講義を聴きながらノートをとることは困難です。聴くことと書くことを同時に行うことが難しいからです。

---

○ 運動会のダンスはなぜ困難か
　ダンスの練習の時、教師からの指示で以下のようなことが起こります。
「先生のしていることをよく見なさい」→　音楽は聴いていない
「音楽をよく聴きなさい」→　先生の動作を見ることに集中できない
そして、音楽に合わせて動作を自分で再現しなければなりません。
このように複数の情報を同時に処理することが困難なのです。

---

○ 自閉症児の物のとらえ方（「点から面へ」「木を見て森を見ず」）
　物を見るとき、私たちは通常、まず全体を見てその後必要に応じて部分を詳しく見ていくという方法をとります。しかし自閉症児は、まず部分にとらわれて全体を見ることができません。全体を見るためには、必要に応じて部分部分をつなぎ合わせて全体にしていくという方法をとっているように感じられます。

## 5．音や光に敏感である、感覚が私たちとは違う

　自閉症児は、なんでもない刺激にとても敏感だったり、逆に、目が回らないなど平衡感覚が鈍感だったりします。これは、異常だということではなく、感覚の感じ方や知覚の仕方に私たち、いわゆる健常者とは違いがあるということです。特に、教育上問題になるのは過敏性のほうです。

【過敏性の例】
- 視覚の過敏性：木漏れ日など、ささいな光でも視覚的に混乱する
- 聴覚の過敏性：運動会のピストルの音に耳をふさいで嫌がる
- 触覚の過敏性：軽く触れられただけなのに叩かれたと感じる
　　　　　　　　プールのシャワーを痛いと感じる
- 味覚の過敏性：給食で強い偏食がある
- 嗅覚の過敏性：特定の香り（香水、食品、消毒液等）を嫌がる

○ 身体の感覚が私たちとは異なる
　手足を常に意識して動かさないとうまく動かすことができない等、固有覚やボディイメージに問題がありそうです。そのため、運動機能全般に低下がみられます。またそのことを、周りはもちろんのこと本人自身も多くは気づいていません。彼らは、それが当たり前の感覚だと思っているからです。私たちの想像以上にエネルギーを使って身体を動かしていることを理解しておきましょう。

固有覚：固有覚とは、筋の収縮、伸展、あるいは関節の屈曲、伸展などによって生じる自分自身の身体の情報を受け取る感覚です。私たちが運動するとき、自分の体位が今どうなっているかについての情報が、筋肉や腱、関節から、絶えまなく脳に流れ込んでいます。そのため運動は絶えず修正され、目を閉じていてもある程度正しく運動することができるのです。

♪他の人が心地よく感じる音がひどく不快に感じる
例えばすりガラスをつめでひっかいたような音に聞こえるのでは…

右足の次は左足…常に意識しないと歩けなかったりする

# 高機能自閉症児の学校での様子

　高機能自閉症児は通常学級に在籍していますが、目立った存在であることが多いようです。学級では、周囲と絶えずトラブルを起こしてしまう子もいます。私たちの感じ方としては、とにかく会話がかみ合わないのです。他の多数の子どもたちとは何かが違う奇妙な感じがします。ただし、テストではよい成績を取るなど、学習面での問題は感じられません。

## 【異なるタイプがあります】　－ローナ・ウィングの分類より－

### ① 積極奇異型
　自ら人に関わる意欲と関心は高いのですが、関わり方がその場面に適切でなく何か奇妙なのです。たとえば、妙に人なつこかったりします。人との距離を上手に取れなくてどこまで相手に踏み込んでいいのかが分からないのです。また、集団行動が特に苦手で、多動を伴ったり、ささいなことで怒ったりします。

### ② 受動型
　おとなしく、一人でぽつんとしていることが多いです。本人はそのことを苦にしていません。授業で当てられると、質問に関係なく、自分が現在興味を持っていることを話したりします。

### ③ 孤立型
　人との接触を避けてしまいます。主に，知的障害を伴った自閉症に普遍的にみられます。

○小学校低学年での様子

・集団行動がとれない子が多いようです。図工など興味のある授業のみに参加する子もいます。体育では勝手な行動をとることにより目立つ場合があります。掃除時間は何もしなかったりします。興味のない授業では、離席を繰り返すこともあります。

・やりたいことを阻止されたとき、かんしゃく(パニック)を起こすことがあります。

・特定の音刺激や接触を嫌うことがあります。

・著しく興味を示す対象があります。数字、文字、標識、自動車、電車、時刻表、路線図、世界地図、国旗など、いわゆるカタログ的知識です。

*カタログ的な知識にたけています*
*12 24 36 48 60*

*掃除や体育のときは しなかったり どこかに行ったり します*

○特徴的な話し方
　特に、アスペルガー症候群の子どもは、自分の知識を自慢してひけらかすような話し方をするのも特徴です。相手の都合をかまわずに自分のペースで話し続けます。

○小学校高学年での様子

・社会的な能力が向上し、パニックが少なくなり、教師の指示に従えることが多くなります。

・冗談や皮肉といった会話についていけず、集団から浮いてしまいがちです。

・教師が気づかない、巧妙ないじめの対象となっていることがあります。

○中学校での様子

　高機能自閉症児にとっては、試練の時代と言われています。生活環境は複雑で見通しが持ちにくく、周りに合わせていくのが大変なのです。

・友だち同士の高度な会話についていけず、孤立してしまったりします。

・仲間に入れてもらえず、一人集団から浮いています。

・いじめの対象になってしまうことがあります。

・不登校になる場合もあります。

---

○ 自閉症児は、つらい体験を忘れることができない
　自閉症は「ものを忘れることができない障害である」とも言われています。タイムスリップ現象があるのです。ふとしたことがきっかけで、過去のいやな体験を思い出してしまうのです。過去と現実とを取り違えてパニックに陥ったりします。したがって、つらい体験は可能な限りしないですむように、学習内容や指導法を工夫してあげたいものです。

# 高機能自閉症児の特徴及び理解

　高機能自閉症児の学校での様子について、何故そうなのか、どうしてトラブルが起きるのかが分かるには、まず高機能自閉症の特徴を理解することが必要です。彼らの奇妙な行動を、周りが理解するだけでも、問題行動は激減するとも言われています。

【特徴の基本】

① 見たり、聴いたり、触ったり、味わったりして感じることを、私たちとは同じように感じたり理解したりしていません。この世界を独特な視点から見ています。そして、不可解で分かりにくい世界だと感じています。

② 素直で正直、悪意のない子どもです。自分を偽ることがありません。そういう意味では好ましい特質の持ち主であるとも言えます。

③ 自分が興味をもったことには、他のすべてのことを忘れるほど没頭できます。これは、多くの人ができない特性です。

高機能自閉症の特徴を理解すると　なぜそんな行動をとるのかが分かってきます

○脳の働きが独特である
　脳の働きが通常のパターンとは、少し違っています。しかし、私たちが持っていない特殊な能力もあり、それを尊重することも重要です。なお、映画やテレビに登場する「ミスター・ビーン」はその特徴をよく表していると思います。

理解のために

## 1．コミュニケーションがうまくできないのはなぜ？

### ① いくつもの情報を同時に判断し処理することが困難

　「相手の立場の違いによる言葉の使い分け」の判断
　「相手の言葉の背景にあるもの」の推測・判断
　「自分の言葉を相手はどう感じているか」の推測・判断
　　　　　　　↓

　私たちは、さまざまな情報をその場で瞬時に判断し、対応を考え調整していきます。このように多くの人びとが普通に臨機応変にできることが大変困難なのです。

### ② 他人との社会的関係が困難

　◎ 暗黙の了解事項を了解していない

　（例）大人に問われるままに子ども同士の秘密を話してしまう
　　子どもの世界での暗黙のルールが分かりません。そのため、他の子から嫌がられたりします。友人を裏切ったというような誤解をされてしまうこともあります。また、自己中心的で相手のことを考えない子どもと見なされる場合もあります。しかし、本人には、その認識も悪意もないのです。

　◎ 社会のルールや常識が見えない

　◎ 相手の気持ちを気遣うことができない

　　素直で正直、悪気はないのですが社会的ルールが分からず、本当のことを言ってしまうのです。

　（例）「○○ちゃん、太っているね」
　　　　「○○ちゃん、その服似合わないね」
　　　　「おじちゃん、ハゲてるね」

## ◎ 相手の気持ちや意図するところが読めない

　他の子が何をしているのかということは分かりますが、その時、その子が何を考えて行動しているのかということを推測することは難しいのです。

（善意を悪意に取る）
（例）その場にふさわしくない行動を止めようと腕を引き制止すると、腕を引かれたことだけに反応し腹を立てるなどです。

（悪意を見抜けず善意と取る）
　このことは、他の子からだまされる可能性が高いことも意味しています。だますという人の心の裏側がみえないのです。いじめにもつながりますので、特に留意が必要です。

## ③ ことばを字義通りに理解してしまう

### ◎ ことばを発声どおりにとってしまう

　素直に、そのことば通りにとってしまうのです。

（例）「絵を描いて」　→　「え」と文字を書いた
　　　「このプリントに目を通しなさい」→プリントを目に押しつけた

### ◎ ことばの奥の意味が分からない

　素直に正直に、そのことば通りに理解してしまうのです。社会的な常識に基づいた判断が難しいのです。

（例）「お母さんはいますか」→「はい、います」と答えるだけで、呼びにいかない。
（「いるか」と尋ねられたので「いる」と正直に答えただけである）

理解のために

## ◎ 冗談が通じない

　素直に本当だと思ってしまいます。本人を混乱させることになりますので、へたに冗談は言えないのです。

（例）サンタクロースは本当にいると、いつまでも信じ込んでいる
（例）中華街に入るとき「ここからは竜宮城だよ」と母が言う
　　　→ 中華門から内側は海の中だと思い、必死に息を止めている


## ◎ 「言外の意味」や「言葉の裏の意味」の理解が難しい

　婉曲表現、暗喩（隠喩）、ユーモア、皮肉、からかい等は理解が困難です。逆に言えば、外国人に言うようにはっきりと言わないと分からないのです

（例）「猫の手も借りたい」　→　本当に猫を抱いて連れてきた

*常識が書いてある辞典がほしい*

---

○「心の理論」について
　他の人が「こうだと思っていること」や「こうしたいと考えていること」を推測し、そこからその人の行動を理解しようとする認知能力を「心の理論」といいます。高機能自閉症児は「心の理論」がまったく欠けているというわけではありませんが、私たちが何気なく行っていることを、かなり意識して努力しながら行っています。しかし、その能力は限定され、自分なりの推測も通常とは異なってしまい、結局行き違いになってしまうことが多いのです。

**以下のすべてが絡み合っているため、会話がかみ合わない**

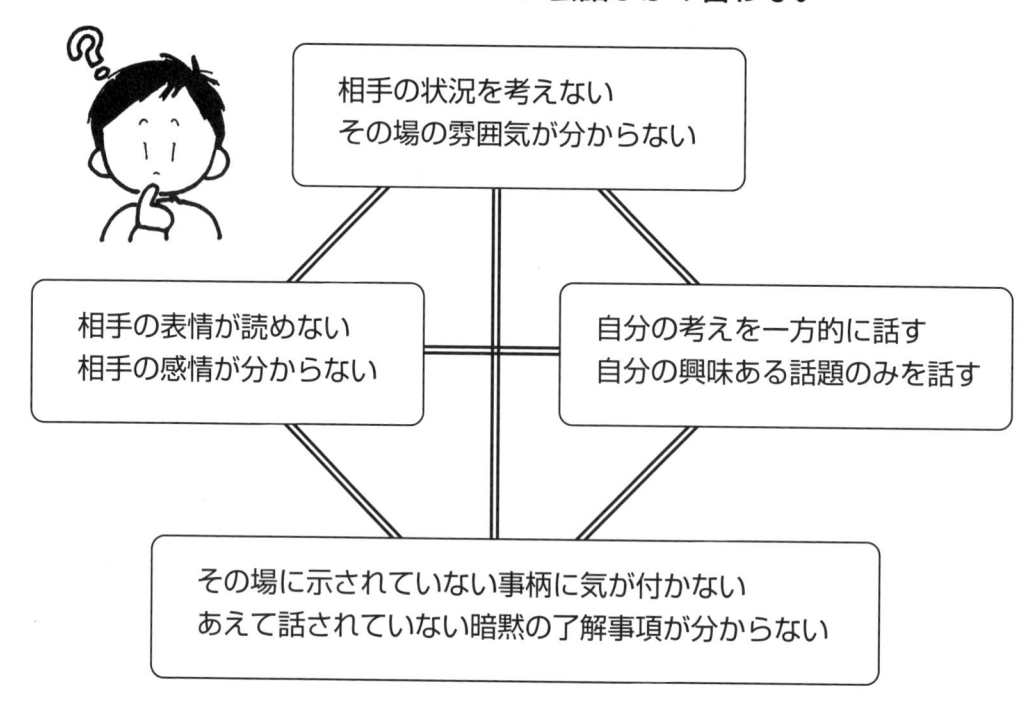

- 相手の状況を考えない
  その場の雰囲気が分からない
- 相手の表情が読めない
  相手の感情が分からない
- 自分の考えを一方的に話す
  自分の興味ある話題のみを話す
- その場に示されていない事柄に気が付かない
  あえて話されていない暗黙の了解事項が分からない

④ あいまいでいい加減な世界が持てない

◎ 具体的な表現でないと分かりにくい

　ああも理解できる、こうも解釈できるというのが困るのです。「だいたい」や「もしこうだったら」の世界が理解できないのです。微妙なニュアンスも分かりません。

（例）「最近どう」　→　健康のことなのか、勉強のことなのか、どのように答えればよいのか悩んでしまう

何のことを聞かれているんだろう‥‥

理解のために

## ２．その場、その時に応じた適切な行動がとれないのはなぜ？

### ① 社会的通念からくるところの基準が分からない

　何を基準に判断すればよいのかが分からないのです。一般常識が少ないのです。「常識で判断しなさい。常識の範疇で自分で考えてしなさい。」こう指示されるのがとてもつらいのです。

> （例）「おはようとこんにちはの境目は、何時何分ですか？」
> 　　　「長いとは、何メートル以上からですか？」
>
> 　私たちのあいまいな社会では、基準は絶えず動き、時々刻々、場所の変化でも変わるものですが、そういうことが彼らには分かりにくいのです。

### ② 神経の仕組みがアンバランスである（不器用）

運動面：動作や行動がいろいろな意味でぎこちないのです。感覚の統合が悪く、運動の協調が悪いのです。一般的に何ごとも新しいことをするのが苦手です。

学習面：機械的なパターンや法則が決まっていることは得意です。しかし、想像力や創造力を駆使する学習は苦手です。

　不器用なので臨機応変にはいかないのです。正直で真面目で杓子定規なので、融通が利きません。

↓

周りの人は、なぜできないのかが理解できないでいる。
本人は、自己不全感に苦しんでいる。

## なぜ話が通じないのか

　高機能自閉症児との会話では、何か妙な感じがします。教師は、何か違う、何か変だ、どうしてこんなに疲れるのだろうと感じてしまいます。それは、彼らには私たちが共通して持っている会話の基盤がなかったり、会話のシステムがうまく働かないためなのです。私たちは、こう言えば相手はこう思うだろうな、こう言えば相手は嫌がるだろうなと、ことばに出さなくても相手のことを察し自動的にことばを選び会話を交わしています。そのシステムがうまく働いていないのです。彼らは正直でまじめなのですが、それは周りの価値観に対してではなく、自分の価値観や自分の心に正直なのです。自分の心のままに正直に話しているのです。


**特徴①　会話の中の一部分に反応する（文脈理解が難しい）**

　教師は、指示したり、諭したことが、うまく通じていないように感じます。うまく伝わらないと、なぜ感じるのでしょうか。その原因の一つは、会話の一部分にとらわれ、それに反応したりしているからなのです。

　全体的に判断すれば私たちにはよく分かることでも、何を言われているのか、重要なのは何なのかということが分からず、会話の一部分に引かれたりこだわったりして、誤ったとらえかたをしたりするのです。

　もともと自閉的な障害の特徴として、全体を見て状況判断をするのが難しいということがあります。たとえば自閉症児に公園の絵を見せて、「これは何の絵ですか」と尋ねると、公園と答えず「ブランコ」「滑り台」などと、たまたま教師の指先の方向にある物を答えます。色紙を△と□に切り、家の形を作り、何かと尋ねると、「三角、四角」または「色紙」と答えるのです。すなわち、一部分に反応し全体が見えなかったり、何を言われているのか、何を問われているのかを想像することが難しいのです。

理解のために

### 特徴②　理路整然の世界で生きている

　高機能自閉症児は、私たちのあいまいな世界や感情の世界がよく分かりません。理路整然とした筋の通った世界で生きているのです。だから、私たちには、会話の感覚が違うので何か妙な感じがするのです。彼らは自分の価値観で筋を通そうとするので、周りの者には理屈っぽく見えます。また、あいまいなことが承服できないので強く抗議してくることがありますが、抗議を受けた方はなぜそのようなことを言うのか、なぜその程度のことで怒っているのかが理解できないのです。彼らは、白か黒かの世界で生きているので、私たちのあいまいな会話が理解しにくく生きづらいのです。

　私たちは、話の通じにくさにいらつきますが、まず私たち自身が感情的にならないことです。一歩引き、会話を冷静に分析してみます。ことばに出さなくても分かっていると思っていた一般的な常識や共通認識が会話の前提としてなかったのか、情に訴えるなどの感情の表現の部分が理解できなかったのか、遠回しな表現で理解できなかったのかを考えてみます。そして、心の動きや感情の表現の部分を抜いて、論理の世界のみで考え直すと、なぜ彼らがそのように反応するのかが分かってきます。

### 特徴③　相手の真意がつかめない

　高機能自閉症児には、もともと「対人的共感性の乏しさ」があります。相手の気持ちが分からない、という致命的な弱点があるのです。相手の真意が分からず、誤解してとってしまうことも多いのです。私たちは、そのような障害があるということを、十分に認識しておく必要があります。

---

**教師自身が感情的にならないこと！**

# パニックの原因

　教育相談の経験から、担任が一番知りたがっていることは、パニックの原因とその対処法についてです。原因として多いのは「過敏性」や「こだわり」からくるもの、「意味が分からないための混乱」です。これらのことを理解すると対応がしやすくなると思います。

## 1．どんな時にパニックを起こすか

　保護者の観察からは、以下のような報告がよくあります。

- 犬や赤ちゃんの泣き声が聞こえる時
- 夏、暑い時
- 思い通りにならない時
- 自分の予定があるのに、自分の思惑と違う方向にいく時
- 一度にたくさんのことを指示された時
- 要求されていることが分からない時
- 勉強が楽しくない時（課題が難しい、または課題が易しすぎる）
- 眠たい時
- 空腹の時

パニックの原因としては、多いほうから以下のように考えられています。

| | |
|---|---|
| 過敏性への抵触 | 「パニックの素」だと考えられています。<br>　音の大きさや触れられたときの感触を私たち以上に強く感じています。 |
| こだわりへの抵触 | 　怖いものから自分を守るバリアーとしてあることへこだわっていますが、それを壊されるので混乱するのです。 |
| 無理な課題 | 　要求されていることが分からない、終わりの見通しがつかない、断り方が分からない等のため、混乱しています。 |
| 身体的不調 | 　たとえば、腹痛や虫歯痛があり、そのことを訴えています。 |

## 2．意味が分からないために混乱する

自分の周囲で起きていることの意味が分からない
↓
自分の気持ちを伝えたいと思ってもその方法が分からない
↓
この事態が今後どうなっていくのか見通しがつかない
↓
その場で混乱する
↓
その混乱から抜け出すすべが見いだせない
↓
パニックになってしまう

## 3．予期しない変化や変更はとてもつらい

　予期しない出来事が自閉症の人びとにはとてもつらいのです。予期しないことや変化への対応には、非常に苦難や苦痛を感じています。これはパニックになるほどの苦痛です。したがって学校では、行事など日常的でないこと、何が起きるか分からないことはとても苦手です。これからのことがしっかりと見通せていないと不安なのです。予定を変更するときは前もって十分に知らせておく必要があります。

　私たちは通常、その時はその時と出たとこ勝負の生活が多いのですが、こうしたアバウトなことが自閉症の人びとには苦手であり困難なのです。

## 障害は犯罪に直結せず

　必ず知っておいて欲しいことは、高機能自閉症という障害は犯罪とは無関係だということです。犯罪には直結しないのです。過去数件の殺人事件で、犯人の診断名がアスペルガー症候群だと公になってしまったことがあり、そのことから誤解をまねいているようです。

　高機能自閉症児は、勉強ができないことよりも不登校などの二次障害の問題のほうが大きいのです。二次障害の大部分は本人自身の問題からではなく、対応のまずさから起こっています。「自信の消失」などからくる情緒的な問題や不適応行動が起こるのです。これまでの経験から、専門家間ではおよそ以下のように考えられています。

---

○きちんと対応された場合
・ほぼ100％、問題のない大人になるだろう
○適切な対応がなされなかった場合
・不登校、ひきこもり等、非社会的な行動を起こしやすい

（3分の2程度）

・万引き、非行等、反社会的な行動を起こしやすい

（3分の1程度）

※ 適切に対応されなければ、何らかの問題が起こる可能性がある。

---

　子どもの心や行動の問題を考えるとき、その背景に高機能自閉症という発達の問題が存在する場合があります。このことに家族も教師も気付いていないことが多いのです。彼らが出していたサインは理解されないまま、誤った解釈による不適切な対応が繰り返され、その結果、より強い問題行動が出てくるのです。だから、このことを何としても避けなければならないのです。

**重要なのは二次障害を防ぐこと！**

# 対応を考える
## 〈理論編〉

対応を考える

# 行動の改善には時間が必要

## 1．即効薬・特効薬はない

　高機能自閉症の子どもたちは、行動に変化が現れるまでには長い時間が必要です。少しずつしか改善しないでしょうが、そのことをまず覚悟する必要があります。発達障害の場合、即効薬・特効薬はないのです。障害児教育の分野では『汗を流して解決するしかない』という言葉がありますが、毎日の営みの中でこつこつと地道に積み上げていかなければならないものなのです。しかし、これこそが本当に大切なことであり、時には発達するのを待つ、という姿勢が必要な場合もあります。

　高機能自閉症児への教育は、教育への情熱と子どもへの愛情だけで子どもが変わるほど甘くはありません。そこには子どもを変える技術（指導法）が必要となります。しかし、今までの指導法がまったく役に立たないというわけではありません。教育の基本的な考えはそのままでも、教師の接し方の配慮や対応の工夫でかなりの成果は期待できると思います。

## 2．学校の対応には限界がある

　子どもによっては、本書で紹介した対応以上に、特別に支援が必要な子どもがいます。カウンセリングや特別な個別の指導など本当にきめ細やかな対応が必要な子どもです。しかし、教師は万能ではありません。学校では対応できないことまでも悩む必要はないのです。専門的な指導については専門機関へ対応してもらうことも考えに入れておいてください。担任が一人で抱え込まないことです。専門家との連携を考え、その子に必要なネットワーク作りをめざしましょう。

　なお、子どもによっては、医療的なケアーを必要とすることもありますので、医療機関との連携も考えていきましょう。

専門家との連携を

## 発想の転換を！

　先生方は、「障害はその子の内にある」と思っていませんか。教育の視点からいえば、『障害はその子個人だけの問題ではなく、関わり合う者相互の問題である。また、社会の問題でもある』とも言えるのです。医学の分野では、その子の障害の原因を見つけてそこを治そうとします。障害を本人の問題と考えますが、その視点とは違うのです。すなわち、障害を本人の努力だけで克服させようというのではなく、周りからの適切な支援を含めて総合的にハンディキャップを埋めてあげようという考え方です。発想の転換をしてみてください。

### 1．私たちのほうから子どもたちの世界へ近づいていこう

　『自閉症という異文化』ということばがあります。もともと私たちが作り上げている社会、文化と自閉症の人が感じ、認識、理解しているものとの間には大きなギャップがあります。高機能自閉症の子どもたちも同じです。興味関心の持ち方や興味の対象が私たちとは違うのです。理解しておかなければならないのは、この自閉症という障害（世界）は変えることができない、ということです。そのため、私たちのほうから彼らの世界へ入る努力をすることが必要になります。基本的な考えとしては、「自閉症という障害は克服させるものではなく、その特性を理解して上手につきあっていくものである」ということです。

自閉症という異文化の理解から始めましょう

対応を考える

## 2．子どもの立場に立って考えてみよう

　高機能自閉症の子どもたちは、周囲があれこれ手際よくサポートしてくれると、うまく生活することができます。逆に言えば、本人だけの努力ではうまくいかないことも多いのです。これは、複数の情報を同時に処理することが難しい等の障害の特徴からくるものです。自閉症という障害の特徴を踏まえ、本人の立場に立って再度考えてみることも必要です。


　（例）給食の時間になかなか食が進まない
　　　　教師の感じ方……………………偏食がひどいなあ
　　　　高機能自閉症の子ども………食べられるものが少ないなあ
　　　　　（原因：口腔内の触覚刺激への過敏さや味覚の違い）

　（例）音楽の時間、笛の自由練習の時に大声を出した
　　　　教師の感じ方………周りの子どもの迷惑になるなあ
　　　　高機能自閉症の子ども………周りの音がうるさくてそれに耐えられないなあ
　　　　　（原因：聴覚刺激への過敏さ）

高機能自閉症の子どもには 聴覚の過敏さが よく見られます

触覚の過敏性に加えて 相手の思いをおしはかることが苦手なため トラブルが起こります

## 支援のポイント三段階

　先生方の現状は多忙をきわめています。したがって、少しの配慮で子どもの行動を変えられる対応のポイントは何だろうか、という視点から、以下の「支援のポイント三段階」を提唱します。これは、盲・ろう・養護学校の教育課程にある領域「自立活動」の基本的な考え方を基にしていますので、学習指導要領に準拠しているということにもなります。

　なお、高機能自閉症の子どもたちは一人一人微妙に違います。自閉症という共通の特徴を理解した上で、一人ずつの違いを理解し、一人一人に合わせていってください。高機能自閉症ならば絶対にこうしなければならない、というものではありません。

　また、高機能自閉症の子どもに分かり易い環境は、他の子どもたちにも分かり易いということです。より分かり易い指導法の一環であり、特殊な指導法ではありません。当然、何らかの副作用も起こりえないのです。

【支援のポイント三段階】

Ⅰ 子どもの周りを変えよう

Ⅱ 子どもに自信をつけさせよう

Ⅲ 子どもの特性から指導法を考えよう

※これらの対応は、障害児教育の基本なので、高機能自閉症にとどまらず、他の障害の子どもたちにも十分に有効だと考えます。

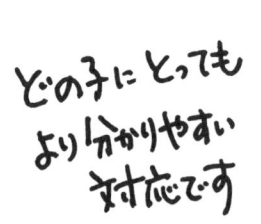

どの子にとっても
より分かりやすい
対応です

**対応を考える**

　障害児教育の分野では、子どもたちを一人の人間として全体的に見ていこうとする考え方できています。ことさら違うところ、異なるところのみを見ようとする考え方ではないのです。発達検査等で実態把握をするという科学的な視点はもちろん必要なのですが、検査、検査で追求した劣っている面のみをターゲットにした指導というわけではありません。

【参考】

「盲学校、聾学校及び養護学校学習指導要領解説－自立活動編－」より抜粋

○障害があることや過去の失敗経験などにより二次的に生じる自信欠如や情緒が不安定になる場合には、自分の良さに気付くようにしたり、自信がもてるように励ましたりして、活動への意欲を促すように指導することが重要である。
○児童生徒が成就感を味わうためには、いわゆる自己評価ができるように課題を細分化し、達成度を分かりやすくすることが大切である。また、さ細なことであっても、褒めたり励ましたりすることも忘れてはならない。
○具体的な指導内容の設定に当たっては、一般に発達の遅れている面や改善の必要な障害の状態のみに着目しがちである。しかしながら、幼児児童生徒の発達の遅れた側面やできないことのみにとらわれて、これを伸ばしたり、改善したりすることを目指して指導した場合、効果が現れるのに必要以上に時間を要したり、また、方法によっては幼児児童生徒の活動や学習への意欲を低下させ、劣等感を持たせたりすることも考えられる。
　人間の発達は、諸々の側面が有機的に関連し合っていることを踏まえ、発達の進んでいる側面を更に促進させることによって、幼児児童生徒の自信と活動や学習への意欲を喚起し、遅れている面の伸長や改善に有効に作用することも少なくない。したがって、指導内容の設定に際しては、個々の幼児児童生徒の発達の進んでいる側面にも着目することが大切である。

ことさら異なる部分のみを見るのでなく　全体的に見ていこうとする考え方を忘れずに

# Ⅰ 子どもの周りを変えよう

　高機能自閉症の子ども自身の行動をすぐに変えようとすることには無理があります。まずは私たちがすぐにできるところから、やりやすいところから始めてみましょう。いきなり本丸を攻めるのではなく、外堀から埋めていこうということです。子どもに影響が大きいのは、「教室の環境」「教師の接する態度」そして「保護者の接する態度」が考えられます。これらを、子どもの側からみて分かり易い環境に、子どもの特性に応じた接し方に変えてみましょう。

【周りを変える三つの視点】
① 教室での環境を整えよう
・不必要な情報の排除（刺激の整理）
・過敏性への配慮
・見通しのある生活の提供
② 教師自身の接し方を見直そう
・共感的な見方を（美点凝視）
・情報の提示は一度に一つ
・要点だけを伝える
・断定的に言う
・肯定的に伝える
・誤解させない表現で伝える
③ 保護者の心を支えよう
・良好な親子関係こそが、子どもの情緒安定につながる
・『いつかは治る』を捨てさせよう

対応を考える

## ① 教室での環境を整えよう

　学校という場は、非常に多くの情報であふれています。教室を見渡すと、壁にはさまざまな展示がなされ、隣の学級と競うように必要以上の飾りもなされています。休み時間になると子どもたちは大声を出して走り回っています。音楽がかかっていたりすることもあります。このような雑多な刺激の洪水の中にいることが、高機能自閉症の子どもたちにはつらいのです。彼らにとって、穏やかで心から安心できる環境を提供できるようにしていくことが大切です。

### ○ 不必要な情報の排除（刺激の整理）

　　（例）・教室の壁飾りや展示物は少なめにする。
　　　　　展示物は後方の掲示板へ整理する。前方は黒板に集中できるように他の刺激を極力なくす。

　　　　・教室の棚には、全部無地のカーテンを掛ける。
　　　　　カーテンには飾りは付けない。

　　　　・透明ガラスの窓には、座位の高さから外が見えないように紙を貼る。

　以上のように、必要のない刺激が入らないようにします。要は、教室はよく整理しておくということです。

刺激をへらす　だけでも　ずい分安定します

## ○ 過敏性への配慮

　感覚刺激のとらえ方が私たちとは異なることが多いようです。特に、過敏性に対する配慮が必要です。強い刺激を控えましょう。

　（例）・視覚の過敏性への配慮
　　　　　光のきらめき等を私たち以上に強く感じている。
　　　　　→強い日差しにはカーテンをする。

　　　・聴覚の過敏性への配慮
　　　　　大きな音を嫌っている。(運動会のピストルの音、集会や食堂の騒音等)
　　　　　調子はずれの合奏や合唱は、パニックへの危険因子。
　　　　　→大声で叱るのはまったく逆効果となる（内容を聞いていない）の
　　　　　　で、声の大きさに留意する。

　　　・触覚の過敏性への配慮
　　　　　軽い身体接触を、叩かれたと感じている。
　　　　　→身体接触がある場面をできるだけ避ける。
　　　　　　人がぶつかり合うゲーム（椅子取りゲーム等）は止める。

　　　・味覚の過敏性への配慮
　　　　　味覚の違いや敏感さ、歯触り等に感じ方の違いがある。
　　　　　→給食指導では「わがまま、単なる偏食ではない」と理解しておく
　　　　　　だけで、本人にとっては、苦痛な指導が避けられる。

　　　・嗅覚の過敏性への配慮
　　　　　ささいな刺激でも苦痛に感じている場合がある。
　　　　　→香水を付けない等の配慮をする。

　大切な指示は 低くゆっくり
　大きな声は 逆効果

　大きな声での指示や注意では、聞き取ることが難しく、内容の理解が困難です。小さな声のほうがよく聞き取れます。特に、注意するときは、低い声でゆっくりと諭しましょう。

対応を考える

## ○ 見通しのある生活の提供

　高機能自閉症の子どもたちは、変化に対しては常に強い抵抗感があります。そこで、日課や行事の無意味な変更は最小限にすることが重要です。どうしても変更が必要なときは、必ず予告を行うようにします。予告では、終わりがいつか、そして終わった後がどうなるのかも伝えます。見通しがつくと、とても安心して生活することができるのです。

　　（例）・行事を精選する。
　　　　　　準備なしに行事に駆り立てることは子どもを混乱させる。

　　　　・行事の変更は、できるだけ早く、明瞭に伝える。
　　　　　目で見て解るように提示する。
　　　　　物事には終わりがあることを必ず予告する。そのことで、それに伴う見通しをつけることがでる。

目で見て わかりやすく
早目早目の予告を

本人の前でカードをつけかえる

小黒板などを使った
時間割の
提示

個人用スケジュールノート

変更があった場合でも
自分でそれを記入することで
納得する子もいます

| 「突然」の変更や「いきなり」の出来事にとても弱い |

## ② 教師自身の接し方を見直そう

　高機能自閉症の子どもたちの行動には「理由」があります。人は理由のない行動や無意味な行動はしないものです。私たちが、問題だあるいは風変わりだと感じる行動にも理由があり、その意味や役割が分かれば手だてが出てきます。でもその前に、まずは共感的な接し方から始めてください。彼らは反応は弱くても、自分にとって味方かどうかということは敏感に感じています。

### ○ 共感的な見方を（美点凝視）

　高機能自閉症の子どもたちは、私たちから見ると、欠点や弱点がやたら目につきます。ついつい欠点を早く直そうと多くの指示を出してしまいます。しかし、もともと文化が違うのです。まずは彼らの世界をそのまま受容することこそが必要でしょう。私たちから見える欠点や弱点をそのまま受容するのです。もともとそういうものなのだ、それでいいじゃないか、ということです。教師の態度が変われば子どもも変わるのです。

　たまに教師自身が刺激の元になっている場合もあります。子どもはたまたま行動しているだけなのに、その行動を問題行動だと感じてしまい何らかの指導を行ってしまう等です。子ども本人は自分の行動を問題行動だとは思っていないでしょう。すなわち、行動を見るということは、見る側の主観が絶対に入ってしまうものなのです。教師によって、行動の見方が異なるのです。このことにしっかりと気付いておいてください。

*彼らの文化にふれるつもりで*

---

※「子どもが悪い、悪い」ばかりでなく
　『教師が変われば子どもも変わる、教師が変わらなければ子どもも変わらない』ということです。

対応を考える

## － 同じ子どもの同じ行動を見て －

（例１）　教師Ａ：思ったことを素直に言えない子どもだなあ。
　　　　　　　　　いつも友だちの後からばかりついていって依頼心が強い子だなあ。

　　　　　教師Ｂ：おとなしくて慎重で控えめな子どもだなあ。
　　　　　　　　　いつでも友だちと仲良くしていたい、一緒にいたいと思っている子なんだなあ。

（例２）　教師Ａ：消極的で陰気ではきはきしない子どもだなあ。
　　　　　　　　　協調性がなく、取っつきが悪い子だなあ。

　　　　　教師Ｂ：調子に乗らず、平静で落ち着いている子なんだなあ。
　　　　　　　　　冷静で物に動じないおっとりしている子なんだなあ。

　以上のように、子どもの行動を、Ａ先生は問題行動や短所としてとらえていますが、Ｂ先生はそれを個性や長所としてとらえています。このように同じ子どもの同じ行動を見ても実態のとらえ方が異なるのです。見えているのは自分の価値観や自分の内面と比較した子どもの姿が見えているのです。大切なのはＢ先生のように共感的な見方をすることです。

※「こだわりがある、融通が利かない」というのは「校則はきちんと守る。嘘をつかない、正直である」ということ。美点凝視で接しましょう。

○ **情報の提示は一度に一つ**

　高機能自閉症の子どもたちは、一度に複数の情報を処理することが困難です。同時に二つのことはできないのです。ですから、情報の提示は、「一つ終わってからまた一つ」が原則です。

（例）プリントを配りながら読むように指示した
　　　　高機能自閉症の子ども……うまく指示を聞き取りきれない
　　　　特性に応じた対応例………発声「プリントを配ります」
　　　　　　　　　　　　　　　　間をおく
　　　　　　　　　　　　　　　　動作：プリントを子どもの前に置く
　　　　　　　　　　　　　　　　間をおく
　　　　　　　　　　　　　　　　指示「読みなさい」

（例）肩に手を掛けながら話をした
　　　　高機能自閉症の子ども……触覚情報が多く入り、話しかけられた内容はまったく入らない
　　　　特性に応じた対応例………身体接触を伴った声かけは止める

（例）教師の顔をしっかり見るように指示し、ことばで注意した
　　　　高機能自閉症の子ども……表情の変化など視覚情報が多く入り、注意された内容はまったく入らない
　　　　特性に応じた対応例………伝えたい内容を、文字や図解で示し、ゆっくりと諭す

---

○ 自閉症児は情報の選択が難しい
　私たちは、周りの情報を必要に応じて自動的に取捨選択しています。しかし、自閉症児は全ての情報を平等に感じて必要な情報を拾い出すのに困難を感じたり、一つの情報にとらわれて本当に必要な情報をとらえることができなかったりしています。

**対応を考える**

## ○ 要点だけを伝える

　高機能自閉症の子どもたちは、意味の分からない情報に困惑している場合が多いのです。ことばに尾ひれがついていたり、たくさんのことを言われると、何を聞いたのか分からなくなるのです。彼らに意味が分かるような伝え方にする工夫が必要です。ポイントは、「簡潔に明瞭に、大切なところだけ要点だけを伝える」ということです。

　聴覚系の認知に困難がある場合もありますので、このことにも留意しておきましょう。聴覚障害ではありませんが、聴覚認知（聞いて理解するプロセス）がうまくいかないのです。音を意味あるものとして聞く力（例：「ガタンゴトン、ガタンゴトン」という音を列車の音としてとらえる）、音を単語として聞き分ける力、音を文として意味を理解する力が弱いのです。音を音として（雑音として）聞いているのです。

（例）終わりの会で明日の準備品を指示する時
　　　高機能自閉症の子ども……うまく指示を聞き取りきれない

　　　　特性に応じた対応例………聞く構えを作ってやる
　　　　　　　　　　　　　　　「明日持ってくる物は三つあります」
　　　　　　　　　　　　　　　黒板に準備品の文字や絵をかく
　　　　　　　　　　　　　　　大事なところをはっきりという
　　　　　　　　　　　　　　　「三角定規、リコーダー、縄跳び」

　　　　※順序よく整理して話し、途中で関係ないことを言わない。
　　　　　言語数は、ごく少なくする。

〈もってくるもの〉
三角じょうぎ
リコーダー
なわとび

音声言語の理解は苦手

---
**過剰なことばかけは、子どもを混乱させる**
---

○ 断定的に言う

　高機能自閉症の子どもたちは、相手が何を言いたいのか察することが難しいのです。したがって、あいまいな言い方をせず、伝えたいことをはっきりと断定的に言わなければ正確には伝わりません。こちらが気を遣っていねいにことばを選択したとしても、かえって混乱させてしまうこともあるのです。

　彼らには、明確で直接的な指示が有効です。ポイントは、「外国人に分かるように日本語を話す」ということです。この時、そのような言い方をすると心を傷つけるのではないかと思いがちですが、不快に思ったりはしないので、そのような配慮は必要ありません。

（指示例）「その話は困ります、この話が終わってからにしてください。」
　　　　　「この話は5分で終わります。」

（例）掃除時間に水が靴下にかかりパニックになりそうになる
　　　　担任「靴下を脱ぎなさい。足は濡れていないので掃除はできます。
　　　　　　　さあ、掃除をしましょう。」

| 情緒的なやさしさよりも、クールな明瞭さを！ |
| --- |

対応を考える

○ 肯定的に伝える

　高機能自閉症の子どもたちには、叱らないですむやり方で接するのが基本です。「No」を教える前に「Yes」を教える、ということばがありますが、「〜はダメ」ではなく「〜するのがいい」という伝え方が有効です。「これはいけない、止めさせよう」という発想ではなく「これならいい、これがいいんだよ」という発想に変えてください。ダメではなく、どうすればよいのかを具体的に指示するのです。

　なぜ「ダメ」はだめなのでしょう。「ダメ」は注意しているだけで終わり、その子にとってはどういう行動を取ったらよいのかが伝わりません。また、ほめることにもつながらないのです。具体的に指示すると、きちんと行動ができて、次のほめることにつながります。なお、ほめるとはおだてることとは違います。好ましい行動の容認をする、ということです。ほめることで好ましい行動を増やしていきましょう。

　どうしても禁止せざるをえない場合は、その代わりにすることを用意します。「いつ、どこでなら、してもよい」という代案を持ちかけるのです。

(例)　全校集会時に走り回り、奇声を発する
　　　　フープを準備し、床に置く。
　　　　指示は具体的に単純に………「中に居る。口を閉じる。」

（イラスト：「中にいる　口をとじる」フープは目印にもなります）

| ダメはだめ！　大切なのは注意より指示 |
| --- |

## ○ 誤解させない表現で伝える

　高機能自閉症の子どもたちには、あいまいなものの言い方では正確には伝わらないので、簡潔で明確なことばで表現しましょう。誤解させないことを念頭に、以下のことに留意しましょう。

> ○ まぎらわしい表現は避ける
> ○ 「裏の意味」がない表現にする
> ○ 遠回しの表現はしない
> ○ 抽象的なことばは使わない

(例) 図工で、のりづけをしているとき「もっと頭を使いなさい」と指示
　　　高機能自閉症の子ども……額でのりをつけようとする
　　　特性に応じた対応例………「中から外へ向かって塗りましょう」と
　　　　　　　　　　　　　　　具体的な表現で言う
　　　学級会で決定できないとき「それはひとまずおいといて」と指示
　　　高機能自閉症の子ども……どこに置くのかなあ、と考える
　　　特性に応じた対応例………「明日決めます」と具体的な表現で言う

(例) 親しみを込めて「君もばかだなあ」
　　　高機能自閉症の子ども……ばかと言われたことに対し怒る
　　　特性に応じた対応例………「～をしない」と具体的に指示する

　　「うるさい」
　　　高機能自閉症の子ども……静かにして欲しいということが分からない
　　　特性に応じた対応例………「口を閉じる」と具体的に指示する

対応を考える

（例）「どうしてそんなことをするの」
　　　高機能自閉症の子ども………どうしてしたのかなあ、と考える

　　　「さっき言ったばかりでしょう、何度言えばいいの」
　　　高機能自閉症の子ども………何回言われればいいのかなあ、と考える

　　　特性に応じた対応例…………「～をしましょう」と具体的な表現で言う


（例）「ちゃんとしなさい」
　　　高機能自閉症の子ども………ちゃんとするとはどういうこと？

　　　「おりこうさんにしなさい」
　　　高機能自閉症の子ども………どうすることがおりこうさんなの？

　　　特性に応じた対応例…………「椅子に座って手は膝に」と具体的に指示する

学習中勝手に教室から出ようとしている子に向かって
「おーい」「待ってー」では伝わりにくい

「とまりなさい！」 そして 「こちらへもどりなさい！」

【参考例】ことばをかける際の原則（知的障害養護学校）
○ 相手の理解力に応じたことばを用いること
　　「簡単に」「断定的に」「余分なことは言わない」
　　「タイムリーに」「繰り返して」

相手のことば一つ一つを、生真面目に受け止めてしまう

## ③ 保護者の心を支えよう

### ○ 良好な親子関係こそが、子どもの情緒安定につながる

　学校と保護者との関係がうまくいっていないこともあるかと思います。しかし、本当は保護者自身も苦しんでいるのです。まずは、そのことを十分に理解しておくことが必要です。重要なのは、保護者自身に気持ちの持ち方を変えてもらうことなのです。私たちは、保護者を変えてやろうと思うのではなく、周りが支えることで自ら変わってもらうことを手助けするのだと思ってください。保護者の心の安定があってこそ、子どもも安心していられるのです。子どもの情緒が安定しないと、学習の成果は上がりません。

　なお、行動の諸問題については、その子だけの問題ではなく、祖父母も含め、家族全部を巻き込んでいることにも留意しておく必要があります。

### ○ 『いつかは治る』を捨てさせよう

　医師が高機能自閉症のことを説明するのに一番難しいのは保護者だ、という話はよく聞きます。保護者は子どものことを希望的に思いたいからなのです。「いつかは治る」と思いたいのです。この子が発達障害だなんて考えられない、勉強はできるし日常会話に不自由はない、この子は行儀の悪い子だ、しつけができていない子だ、わがままな子だ、と保護者は思うのです。そして、その部分だけをたたき直そうとします。これが大変危険なのです。この子は「何でもない子だ」と思うのは、愛情でも何でもありません。無理矢理に自分たちの願望を子どもに背負わせているにすぎないのです。

家族全体を含めて　　その子のことを考えてみる

**適切な関わりこそが将来の自立につながる**

**対応を考える**

〈保護者をどう説得するか〉

　現在、多くの学校では、保護者をどう説得して医療機関や相談機関へ行ってもらうかということで悩んでいます。保護者自身は、「他の子どもたちとはどこか違う」と気づいてはいます。しかし、説得に応じようとする保護者の気持ちは、機が熟さないと難しいのです。

　保護者は、周囲から、「自分勝手でわがままな子だ、親のしつけが悪い子だ」と批判されています。そして、そのことで保護者自身の心が荒れていくのです。自分を責め続け、なおいっそう厳しくしつけようとします。このことが危ないのです。まず教師は、批判するのではなく、「一緒に考えていきましょう」という姿勢で接することです。保護者は学校からいろいろ言われることに疲れきっています。

---

〇 連絡ノートのコツ

今日の良かった点……………………8割
まだちょっと気がかりな点………2割程度、やんわりと伝える

---

　教育相談では、「人の心を分かろうとすると、その人より低いところにいなければならない。上から見ていては人の心は理解できない」という基本があります。そのことを考えながら保護者と接しましょう。

---

〇 対話の四原則

・話すより聞こう　　・気持ちだけは分かってやろう
・結論を急がない　　・結論は相手に言わせよう

---

〇〇ちゃんも おうちの方も 今まで ずい分つらい思いを してこられたんですね……

---

保護者への障害の説明は、第三者の専門家から

保護者には、子どもが将来どうなっていて欲しいのか、という最終的な状態像を考えてもらうのです。そのことから、専門医への受診や相談機関への相談を勧めていきましょう。

　保護者は、診断名がつくことでショックを受けますが、逆に不安は解消できるのです。自分の育て方のせいではないと分かり、何かほっとし、気持ちに変化が現れるのです。叱らなくなり、ていねいに説明したり待ったりすることができるようになります。子どもの奇妙な行動を保護者が理解するだけで、子どもの問題行動は激減していくのです。

○保護者自身が子どもの障害を認め理解する

保護者の子どもを見る目が変わっていく
叱らなくなる、ていねいに説明する、待つことができる
↓
○保護者が教師へ説明し理解を求める
教師の子どもを見る目が変わっていく
叱らなくなる、指示の仕方が具体的になる
↓
子どもの行動が改善されていく

**保護者が変われば子どもも変わる**

対応を考える

# Ⅱ 子どもに自信をつけさせよう

　高機能自閉症の子どもたちは、「自分は他者とは違う」ということに4歳ぐらいにはすでに気づいているようです。友だちとトラブルを起こしたとしても、本当は「皆なと仲良くしたい、皆なに認められたい」と本人は思っています。このことを十分に理解しておくことが必要です。なんとか友だちとうまくやりたいのに、どのように近づいてよいのか、その手段が分からないのです。また、苦手な事柄を自分の努力不足と自覚しがちです。そのため、自己評価を高めることができないのです。完璧にしたいというこだわりもあり、課題に失敗すると「どうせ僕はだめなんだ」と激しい自己不全感と自己否定に陥ります。思春期になると、自分を否定する感情がなお強くなり、劣等感に悩むのです。彼らの諸問題の根底には、自己評価の低下、自尊感情の傷つきがあると考えられます。自尊感情が育つように、子どもに自信をつけさせましょう。

【自信をつけさせる四つの視点】
① できた！という達成感を
　・できることを増やす
② こだわりを生かそう
　・特性を利用する
③ いじめから守ろう
　・理由なく暴れてはいない（本当は被害者だ）
　・よい子の姿を限定して伝えない
　・いじめからの保護
④ 社会的常識を教えよう
　・一つの場面ごとに、ていねいに教える
　・改善すべき点をはっきりと告げる

## ① できた！ という達成感を

　先生方は「少しの進歩を認めてほめる」というあたりまえの基本を忘れてはいませんか。高機能自閉症児を担任した教師からは、「このあたりまえのことを忘れていた自分に気づいた。ほめることの大切さを本児を受け持って改めて感じた」という感想をよく聞きます。「叱るよりほめる。できないことに注目するよりできることを見つける」という基本的な指導法はすべての子どもに共通します。

　高機能自閉症の子どもたちは、小学校低学年でも、すでに、低い自己評価や自尊心の低下に悩んでいる場合があります。たとえ課題に失敗したとしても努力の過程を重視してほめてあげることが重要です。

　　（例）努力の過程を重視してほめる

　　　　「よく努力したね」
　　　　「残念だったけど、ずいぶんできる
　　　　　ようになったよ」

「きのうより10分早く泣くのをやめたよ がんばったね」

### ○できることを増やす（障害児教育の基本）

○ 僕だってできる、私もできる。できることがある。
　できる、できたという達成感や感動がある。
　　↓
○ それが、自信につながる。
　　↓
○ 自信が意欲につながる。関心の広がりにつながる。

できた！ → 自信 → 意欲・関心

ほめ方の工夫を！　努力の過程をほめる

対応を考える

## ② こだわりを生かそう

　もともと教育とは「子どもの長所を伸ばしてあげること」といっても過言ではないでしょう。子どもは長所をよりどころに自信をもち、周りとうまくコミュニケーションを図れるようになるのです。興味関心を伸ばして自信を付けさせましょう。その中から「自分は生きていてもいいんだ、自分は皆と生活してもいいんだ」と自尊心も育っていきます。得意なところを伸ばすことで、苦手な部分も少しずつ底上げできるのです。まちがっても、こだわりを取り上げようとは考えないことです。

### ○ 特性を利用する

　高機能自閉症の子ども一人一人のこだわりや興味関心事を何かに生かす方向で考えてみましょう。そのことで自分も役に立っていると感じてくると、どんな子どもでも必ず変わります。こだわりを利用しようと考えてみてください。

　　（例）「習慣を守ることが苦にならない」という特性の利用

　　　○家庭での日課・習慣
　　　　朝起きたらカーテンを開ける
　　　　新聞を新聞受けから取ってくる
　　　　火曜日と金曜日はゴミを出しに行く

　　　○学級での係活動
　　　　活動内容が分かりやすく、毎日活動がある係を
　　　　存在感がアピールできるような係を
　　　　興味関心や得意なことが生かされる係を

　　※スケジュールを決めてやると、
　　　子どもは安定します。

*3月15日　日めくりの仕事など*

*きっちり習慣を守る方が安定するんです*

---

**有能感を育てていこう**

## ③ いじめから守ろう

　教師が把握していなくてもいじめに必ずあっている、とまず思ってください。高機能自閉症児は、いじめの標的になりやすいのです。低学年の頃は、ちょっとしたことにもうろたえたり、ちょっとからかわれただけでも怒るなど、必ずのように反応するので、周りはおもしろくてなお繰り返し、いじめにつながるのです。その後も、学年が上がるにつれ、波長の合わない者として、スケープゴートにされ、いじめられるのです。

　おとなしくて控えめな目立たない受動型のタイプの子にも注目してください。自分の意思表示が苦手なため目につきにくいのですが、低学年の頃から深刻ないじめにあっている可能性があります。

### ○ 理由なく暴れてはいない（本当は被害者だ）

　自分が許せないことや納得できないことに怒り、暴れたり暴力を振るってしまうのです。

　（例）周りの子が、故意に刺激して爆発させるような遊びをする。

　　　　周りの子が、教師の見えない所や時間帯で突然無言で足蹴にする。
　　　　　↓
　　　　高機能自閉症児は、教師がいようといまいと区別なしで抗議のために暴れるので、本人だけが悪者にされてしまう
　　　　　↓
　　　　彼が教師から叱られるのを見て、周りの子は喜ぶ

　　高機能自閉症児は何も悪いことをしていないのに、結果として本人だけが叱られる例はとても多いようです。保護者に連絡する前に、真実はどうなのかをよく吟味する必要があります。

## 対応を考える

　教師が目にするのは、級友を追いかけたり、暴力を振ったりパニックを起こしている姿です。教師は自分の目にしているその瞬間でつい判断してしまいがちです。全く逆の「いじめっ子」だと思ってしまうことさえあります。しかし、本当はそれまでの周りのいじめに耐えきれず、本人なりに対抗しているだけなのです。このような周りの子どもたちの演技にだまされない、真実をとらえきれる教師であって欲しいと思います。

　　いじめが起きやすい時間帯は、教師の目が届きにくい、休み時間や昼休み、掃除時間等です。小さないじめにも留意してください。「学用品を隠される」「学用品を捨てられる」「だまされて学用品を取られる」等です。

　　終わりの会（反省会）は要注意です。結託した級友から集中砲火を浴びている場合があります。このことにも十分に留意してください。

　このようないじめでは、本人のみならず保護者も大変悲しい思いをしています。それは、いくら学校に真実を訴えても、教師が信用してくれないからなのです。教育相談の現場では、このような訴えはめずらしくはありません。

　逆に、本人と保護者の誤解により、いじめに対し被害妄想的になっている場合があります。

（例）友だちが、たまたまぶつかっただけなのにいじめられたと思いこんでしまう。保護者も、子どもの主張のみを聞いて、学校でいじめられていると信じ込んでしまい、学校へ抗議する。

（例）「いじめられている」ということばにこだわり、少しのことでも被害妄想的になることがある。

## ○ よい子の姿を限定して伝えない

　教師が常々、「独りでいることはよくないことだよ、お友達を作りましょう」とか「みんなと違っていることは悪いことなんだよ」と伝えているとします。そうすると高機能自閉症児は、自分自身がいけないのだと思い、自分のほうに原因があるのだと思ってしまうのです。彼らは悪気がないだけによけいに傷つくのです。

　心配なのは、いじめらることが原因で、自分は悪い子なのでいじめられるのだ、と自分を責める子どもがでてくることです。いじめられることから徐々に自信をなくしてしまうことです。君は悪い子ではないとはっきり伝え、自信を取り戻させましょう。

（例）友だちがいないのは悪い子なんだと思い、友だちを作ろうと本人なりに努力すると、そこをうまく利用される。

　　　周りの子に対し、自分なりに仲良くしようと近づく
　　　　　　↓
　　　周りの子は、一緒に遊んでやると思わせて、本人のゲーム機で遊ぶ
　　　本人は自分のゲーム機で遊ばれている
　　　　　　↓
　　　うまく利用され、騙されて、ゲーム機を取られてしまう

友だちがいることは もちろん すばらしい

だけど 友だちがいなくても それは悪いことではないよ

「友だちがいなくてもいいんだよ。君はよい子なんだ、悪い子ではない」と、はっきり伝えましょう。彼らはこのことでとても悩んでいます。

**対応を考える**

## ○ いじめからの保護

学級でのいじめの芽を早め早めに摘み取り、いじめのない学級経営に努めましょう。

高機能自閉症児を守るためには、周りの大人や子どもたちに、正しい理解を促さなければなりません。まず第一に必要なのは、彼らの保護者が正しい理解をすることです。すべての基本は、ここにあります。

> 学級の子どもたちは、引く子、関わる子、ちゃかす子のグループに分かれています。ちゃかす子の中に、ことごとく足を引っ張る子がいます。そういう子の存在をきちんととらえておきましょう。

（例）学級経営において、ルールは学級全員に適用されるのだということを明確にしておく。個人だけをターゲットにしない。

「A君は、給食後には歯を磨きましょう」ではなく、
　　↓
「○年○組の子は、給食の後に歯を磨きましょう」とする

いじめのない学級づくり
　　⇩
高機能自閉症児を守るばかりでなく
どの子にとっても すごしやすい学級に
なるはずです

違いを認め合い、いじめが起きない学級経営

## ④ 社会的常識を教えよう

　高機能自閉症児は、自分の行動に自信がなくて、おどおどしたり動けなくなったりしていることがあります。適切な行動が未学習なのか、不適切な行動を誤学習してしまっているのかを考え直してみる必要があります。

○ 一つの場面ごとに、ていねいに教える

　独り立ちできる大人になるには、勉強ができるできないという問題よりも社会性の問題のほうが大きいのです。高機能自閉症児は、知識はあるが社会を生きる知恵がないのです。知恵を働かせる常識がないのです。したがって、逆に考えると、彼らにとって、常識は自然には身に付かないものなのです。生活する知恵も含め、一つ一つていねいに教えていく必要があります。また、応用がききにくいので、一つの場面ごとに、自分の取るべき行動を教えていきましょう。このとき、相手はどう考えているかも付け加えて伝えましょう。

　アスペルガーは、半世紀も前に以下のように洞察していました。
『高機能自閉症児たちは、社会的常識を健常児のように自然と身につけることができない。したがって、社会常識や社会のルールについても、教科学習と同じように、彼らにきちんと分かるようなやり方で筋道立てて教えなければならない。そうでないと身に付かない。』

「特に教えなくても自然に身につく」と思うことでも 一つ一つやり方を教える必要があります

「親はなくても子は育つ」と思わないこと！

対応を考える

○ 改善すべき点をはっきりと告げる

　高機能自閉症児は、高学年になっても、行動のルールで、どんな間違いを起こしているのか本人自身全く知らないままでいることも多いのです。そのことが、いじめの原因となっている場合もあります。そのため、改善すべき点をはっきりと伝えなければなりません。受け入れられる行動と、そうでない行動について明確に告げるのです。彼らは、注意を受けても不快に思ったりしないので、どんなところを周りが嫌っているか、はっきりと教える必要があります。

　　社会ではいろいろな場面で柔軟に対応することが求められています。したがって、社会的行動の指導の場合、指導者が一つのやり方のみにこだわらないようにし、「パターン化した応対」に固定しないように子どものうちから留意しておきましょう。

低学年の頃と同じような接し方を高学年になっても続けていやがられる
やめてってば
低学年のときは、これを受け入れられていたので、人との接し方として学習してきている

(例) 友だちの横にくるときは
・30cm以上はなれて
・友だちが「いいよ」と言ったときは
握手はOK

○ 一を聞いて一だけを知る（応用がきかない）
　私たちは聖徳太子ほどではありませんが、一を聞いたとき、その場の状況、過去の経験、本からの知識などから、一以上のことを想像したり予測したりすることができます。しかし、自閉症児は一のことを聞いたら一のことしか理解することができず、場面が変わったとしたら、また新しい一として認識しているようです。

# Ⅲ 子どもの特性から指導法を考えよう

　高機能自閉症児への指導について、研究指定校の実践からは以下のことが明らかになっています。

- 小集団指導によって対人的・社会的技能を培う
- 個別指導によって、学習の困難に対応する
  　以上を併用することが効果的である。
- 新たに「障害に基づく種々の困難を改善・克服する指導」の内容を設定することで効果的な指導ができる。

　このことは、すでに障害児教育で行われている自立活動の内容も必要だということを表しています。診断名は異なっても、指導法では共通することも多いものです。高機能自閉症についてだけの特殊な指導法が存在するわけではありません。すなわち、自閉的な障害をターゲットにした指導の工夫は、知的障害等の子どもたちにとっても十分に『より分かり易い指導法』なのです。

---

【特性に配慮した視点からの二つの工夫】
① 課題の内容を視覚化する工夫
　　・口で言うより見せる
② 見通しが得られるような提示の工夫
　　・活動の流れと目標を明確に示す

*目からの情報が理解しやすい*

---

※ 効率的な指導のためには『構造化』の工夫も必要

*自閉症教育において「構造化」はとても有効です*

## ① 課題の内容を視覚化する工夫

　教育の上手な教師は、しゃべり過ぎません。一般的に養護学校では、「教育の下手な学校ほど先生の声が大きくてうるさい、優れた教育をしている学校ほど先生が静かである」と言われます。課題を視覚的に提示する工夫が必要です。ことばで説明するより見せる、ということです。

> ○ 自閉症の一般論として
>   ことばの理解は、私たちの想像より低いレベルにある。
>   文字の理解は、私たちの想像より高いレベルにある。

### ○ 口で言うより見せる

(例) よく注意される内容について話し合い、約束事として紙に書き、目に付くところに貼っておく

| ・大声を出さないこと |
| ・人をたたかないこと |
| ・人にかみつかないこと |

紙に書かれたことは、心に留めておくことができる。

(例) 掃除当番を嫌がるので、今日は何の係をするのかを示す

係の図　→　本日の当番：全員の顔写真
　　　　※ その子だけでなく、学級全員に適用する

**言っているほどには、分かっていない**

## 〈『構造化』とは〉

構造化とは、情報を枠付けするということです。必要とする一定の情報を、他の多くの情報から分離できるようにしていく工夫のことです。つまり、「その場の状況の意味」や「先の見通しを含めた時間的な意味」を理解しやすくするための手段のことです。

従前から「脳障害児の治療教育」という視点から工夫されてきました。特に自閉症教育において有効な教育方法として「構造化」が経験的になされていました。広く知られるようになったのは、米国の「TEACCH（ティーチ）プログラム」が紹介されてからです。現在では、具体的な「構造化」の理論と方法が多く紹介され、教育現場で広く実践されています。「構造化」には、「生活の構造化」「空間的構造化」「時間的構造化」「指導の構造化」「活動の構造化」などがあります。

- 生活の構造化
  登校後は何をするのか、朝の会の後は何をするのか、給食後の活動は何なのかという時間の流れに沿って活動を決めておく方法です。帯状の時間割がこれに相当します。目に見えない時間の流れを分かり易くするために行います。
- 空間的構造化
  この活動はこの場所、あの活動はあの場所というように、活動ごとに場所を分け、活動と場所を対応させる方法です。目に見えない空間に意味をもたせるために行います。
- 時間的構造化
  あるプログラムはある時間に行い、展開の順序も変えないという方法です。
- 指導の構造化
  同じ人が同じ要求水準で接し、接し方も一定であるという方法です。
- 活動の構造化
  どの課題をするのか、どのような方法でするのか、課題の終了はどこか、終わったら何をするのかの見通しが持てるように工夫する方法です。

## 対応を考える

　留意しなければならないのは、「構造化」はオーダーメイドである、ということです。子どもを、すでにある構造化に合わせるのではありません。その子にとって必要だと判断された内容を構造化していくということです。「自ら学び、自ら判断する」ための力を付けるのが最終目的であり、そのための手段である、ということを忘れてはならないのです。

　なお、構造化には問題行動の発生を予防しているという側面があるということも知っておいてください。

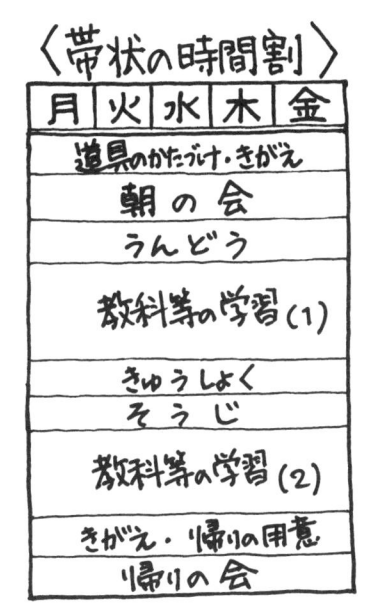

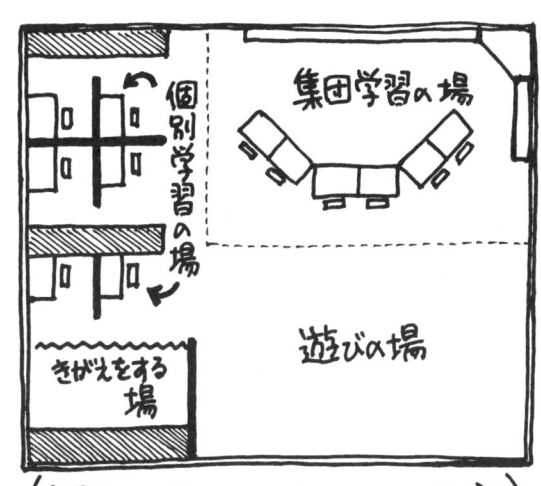

〈帯状の時間割〉
| 月 | 火 | 水 | 木 | 金 |
|---|---|---|---|---|
| 道具のかたづけ・きがえ ||||| 
| 朝の会 |||||
| うんどう |||||
| 教科等の学習(1) |||||
| きゅうしょく そうじ |||||
| 教科等の学習(2) |||||
| きがえ・帰りの用意 帰りの会 |||||

〈活動と場所を対応させた教室〉
（個別学習の場／集団学習の場／きがえをする場／遊びの場）

きょうの勉強（漢字カード／100マス計算プリント／ごほうびの勉強）

活動がおわったらカードを箱の中に入れて次の学習をする

子どもの実態に合わせて可能なやり方で「構造化」を

---

○ TEACCHプログラム
　E. ショプラー博士らが考案し、米国ノースカロライナ州で行われている「自閉症および関連領域のコミュニケーション障害児の治療と教育プログラム」のことです。世界的にも群を抜いた治療教育の成果が上がっています。我が国へは、精神科医で大学教授の佐々木正美先生が1983年に導入し普及させました。

## ② 見通しが得られるような提示の工夫

　特に小学校低学年の頃は、状況の理解ができず混乱している場合があります。生活や活動の見通しを立ててあげること、目標を明白に示してあげることをこまめにしていくことが重要です。このとき、視覚的あるいは文字で書かれた指示は非常に有効です。

> （例）学習のタイムスケジュール・学習のチェック
> 　　　→文字で書いたり、絵で示したりする。
> 　　　　文章の場合は、正確に明快簡潔であること。

### ○ 活動の流れと目標を明確に示す（予測を可能にする）

　（例）実習の場面において、手順を視覚的に提示しておく

　　　　理科の実験や家庭科の実習では、黒板に手順を絵にして示す。

　　　　総合的な学習の時間や生活科等では、指示を具体的に出す。
　　　　→「秋を探そう」では、どうしてよいか分からないので、
　　　　　「どんぐりを10個見つける」と個人的に指示する。

*（イラスト：子どもがどんぐりの入った袋を持ち「あと5個 さがすぞ」と言っている）*

> 　普段の教室での学習とは違う場面では、本人が困っていないかの気配りが常に必要です。ぼうっとしているときは特に要注意です。他の子よりも目配り気配りをし、具体的な指示になるような声かけに努めましょう。

> 自ら一人で動けるような工夫を！　プロセスの明確化

対応を考える

○ 工夫のポイント
・完成した（完了した）姿を視覚的に伝えたか
・活動の順序について、十分なヒントを視覚的に与えたか
・課題提示のレベルは、本人が分かる程度に具体的だったか

（例）給食配膳当番後の白衣のたたみ方について、
　　　手順を視覚的に提示しておく

○ 瞬時の連想が難しい
　私たちは、特に意識しなくても「一を聞いて十を知る」というような連想が瞬時にできます。断片がすぐに面になるのです。しかし、自閉症児の場合、例えば断片がポツポツと独立してあり、意識して行わない限りそれが連続した面にはならないのです。したがって、活動の連続性を分かりやすく示す必要があるといえます。

## 担任の先生方へ
## 再度お願いしたいこと

○ 保護者を責めるのは無意味です
　　親のしつけのせいではありません。

○ 一人一人の人権が守られた学級の雰囲気づくりを
　　その子の良いところをいくつ言えますか？
　　教師の姿勢を学級の子どもたちは見ています。

○ より分かりやすい指導法の工夫を
　　勉強が分かることは、すべての基礎です。
　　このことでも問題行動は軽減します。

※ できるところから、すぐに始めよう！

# 対応を考える
## 〈実践編〉

　高機能自閉症はLDやADHDと障害の特性に重複があります。したがって、場面に応じた対応や指導のヒントについては、姉妹書「学習障害（LD）及びその周辺の子どもたち―特性に対する対応を考える―」「ADHD及びその周辺の子どもたち―特性に対する対応を考える―」も併せて参考にしてください

# その子を知ることから
# 対応は生まれる

○ 子どもの状態は一人一人違います。

○ その子がもっている自閉の特徴は何か

○ どこまで分かり、どこでつまずいているのか

○ 何に困っているのか

　以上のことを、一人一人について知らなければなりません。まずは、分かろうとする姿勢が大切です。そこから指導の手だてが生まれてきます。

※私たちが考えもしないような、ごくごくあたりまえのことが分かっていなかったり、つまずいていたりしていることがあるので、そのことに留意しておきましょう。

対応を考える

## こんな様子が見られませんか？

| | 具 体 的 な 様 子 | 対応の頁 |
|---|---|---|
| 集団行動 | 集団で行動するときにトラブルを起こす | 74 |
| | 授業中に席を立ち歩いて回る | 76 |
| | 自分の好きなことに夢中で次の授業に入れない | 78 |
| | 遊びやゲームでルールの理解が難しい | 80 |
| 会話 | 一方的に話す | 82 |
| | ことばの内容が理解できていないようにみえる | 84 |
| こだわり | 一番になることにこだわる | 86 |
| | よい子のイメージへの基準の狭さ | 87 |
| | 新奇場面や通常と異なる場面への適応の困難さ | 88 |
| その他 | パニックになる | 90 |
| | | |

＊不適応の具体的な様子について上げていますが、多くの場合、これらは重複して現れます。

# 集団で行動するときにトラブルを起こす

集団登校時に、時間がくると一人で歩き始めたり、決まった片側の道ばかりを歩きたがったり、途中で道ばたの花や虫に夢中になり動かずトラブルになってしまう。特別教室への移動や体育の授業で、列からはずれトラブルが起こりやすい。

　進路や道順にこだわりがあったり、何か興味あるものが見つかるとそちらのほうへ意識がいってしまい、集団で行動しているということを忘れてしまったりしています。また目的地の認識が薄く、集団での移動のときはとりあえず他児の行動をまねして動いているのですが、他児の動きをよく見ていなかったり、身体意識や空間認知の問題から、前の子にまっすぐについて行けなかったりするのです。身体接触を嫌がっている場合もあります。

　道順で片側ばかりしか行きたがらないときは、行きたがるほうに好きなものがあるのか、反対側に本人にとって怖いものがあるのかをよく観察する。（私たちが通常考えの及ばないもので怖がっている場合がある）

　道順に沿って途中の目印などを写真に撮り、通る側及び道順を明確に示す。写真を携帯可能なカードにし、利用させる。

　出発時間にだけ気をとられていることがあるので、皆がそろってから出発するよう教える。

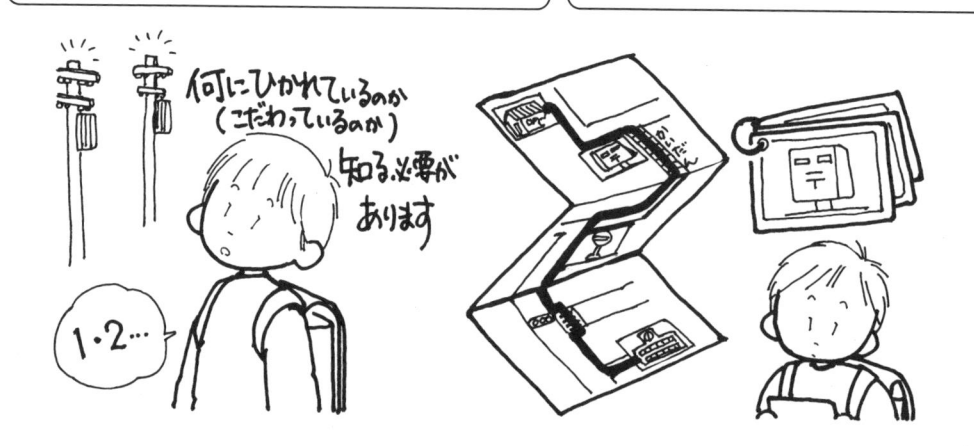

対応を考える

全体に移動の指示をした後，もう一度個人的に指示を出す。必要に応じて指示を復唱させる。

指示を出すときは，必要に応じて写真・絵カード等の視覚的な手がかりを用いる。

列に並んでの教室移動等は，「○○ちゃんの後ろ」とあらかじめ具体的に決めておく。

痛みなどの不快感で身体接触を嫌がっている場合は、列の先頭（教師のすぐ後ろ）か列の最後尾にする。

全体への指示
↓
個人的に指示
（本人に復唱させる）

目からの情報も

音楽室

「○○の後ろ」を歩くという約束
（横やはなれた所ではない!!）

身体接触を嫌がっている場合ちゃんと移動できる子であれば最後尾

子どもが指示をよく聞いて行動できたときは，「先生が言ったことをよく聞いて行動できたね」と具体的にほめましょう。「よくできました」だけでは子どもには何がよかったのか伝わりません。また、その子が分かるような形で評価してやることも必要です。シールを貼るなど、視覚的に分かりやすく示しましょう。

## 授業中に席を立ち歩いて回る

離席して教室内を歩き回ることがある。教室を出て、校舎内のいろいろなところを歩き回ったり、特定の場所へいってしまう。

　まず、この場所は何をするところかという空間に対する意味づけが弱いといえます。教室という空間と廊下という空間を同じように感じ、境目の意識が薄いのです。

　授業では、学習内容に興味がもてなかったり、理解できないために逃避していることがあります。また、周りの子どもたちが発する音などの刺激が強すぎて耐えきれず逃げていってしまっていることもあります。あるいは、理科室やウサギ小屋など、特定の場所にある物や動物などへのこだわりがあり、ついついそこへ行ってしまっている場合もあります。

　分かりやすく興味を引く授業に努めることが基本になる。個人的にこまめに声をかけ、場合によっては課題の与え方を分割したりして、達成可能な状況を作る。

　あらゆる刺激に対して平等に反応してしまうので刺激の整理に努める。机の周囲に不要の物を置かないなど、無用の刺激を与えない。

　授業では、写真・絵カード等の視覚的な手がかりを示しながらすすめる。

基本は 分かりやすい授業

条件つきで教室から外に出ることを認める場合 校内職員の連携が必要です（校内指導体制をつくりましょう）

10時にもどってくること

**対応を考える**

誤った学習をさせないことが大切。してはいけないことは約束事として教える。約束事は紙に書いて視覚化するほうが効果的。

注意するときは、大声で怒鳴ったり、甲高い声で叱らない。低い小さな声でゆっくり諭す。

*低い小さな声で*
「だまって教室を出ません」
*机にやくそくをはる*

*100ます計算　漢字プリントなど*
*着席して取り組める課題を見つけることはとても大切*

集中させる時間は、活動の最後にもっていく。そして、他の子どもたちと一緒に活動が終了したことをほめる。「終わりよければ全てよし」というスタンスが有効。

短時間であっても、着席して、一人で取り組める課題は何かを知っておく。

　自閉症児に対して、養護学校等では、学習に落ち着いて参加させるために、まず身体を動かさせるという方法がよくとられます。トランポリンやサーキット運動等をして、その後メインの学習を行うという方法です。これまでの経験で、このやり方が有効だということは分かっていますが、その理由としては脳の働きを活性化させ、そこから理解力や判断力を高めていこうということなのです。このことから考えますと、いつも机に向かって学習しなければならないという発想は止めたほうがよさそうです。まずは、教室の後方に一人用のトランポリンを準備してみてください。

# 自分の好きなことに夢中で次の授業に入れない

休み時間に運動場へ出ると、授業の始まりのチャイムがなっても好きな遊びに夢中で教室へ戻ってこない。休み時間に好きな絵を描いていると、授業が始まっても、その絵を描き続ける。

　時間の流れは目に見えないために、チャイムの音が時間の区切りであるということや、活動の始めと終わりの合図であるということが、約束事として分かっていません。また、チャイムの音そのものを、うまくとらえきっていない場合もあります。

　こだわりや興味関心の偏りから、好きなことを優先し、好きな教科以外に抵抗を示している場合もあります。

　日課や次の活動を、時計と絵カードで提示するといった目で見て分かる方法が役に立ちます。

今日の活動をカードに書かせ、一つの活動が終わるたびに、本人に○をつけさせたりし、次の活動を確認させる。

|   | 予定 | 変更 |   |
|---|---|---|---|
| あさ | 走ろう運動 |   | ○ |
| 1 | 国語 |   | ○ |
| 2 | 算数 |   | ○ |
| 3 | ~~道徳~~ | 卒業式練習（体育館） | ○ |
| 4 | 理科 |   |   |
| 給食 | パン当番 |   |   |
| そうじ | 黒板 |   |   |
| 5 | 図書 |   |   |
| 6 |   |   |   |

本人に合ったスケジュール表を工夫してください

次は理科

約束を守って活動できたかを評価するのも大切

シールなどを使って（がんばった／あと少し／ざんねん）

**対応を考える**

外へ遊びに出る前に、チャイムがなったら教室へ戻ることを約束させる。また、チャイムの音を意識させるために、周囲の子どもにチャイムがなっていることを声かけして知らせてくれるように頼んでおく。

時計を利用し、活動の区切りをつけさせる。

♪ キーンコーン カーンコーン

「授業を始めます」

まず、チャイムの音が活動の区切りの合図となることを認識させる

「チャイムがなってるよ 教室に帰ろう」

外に出る前に　毎回確認

「チャイムがなったら教室に帰る」

「10時30分 ブロックおわり」

授業終了のチャイムがなった後も授業が延びたとき、これを容認できずパニックになることがあるかもしれません。このような場合も、前もって「チャイムは終わりの時間がきた合図を告げているだけで、実際の授業は少し延びることがある」と予告しておくとよいでしょう。このように、世の中は必ず決まった通りにはならないことがあるということを、日頃から意図的に伝えておきましょう。

## 遊びやゲームでルールの理解が難しい

通常は一人で遊んでいることが多い。他児と遊ぶときは、自分の順番が来るまで待てずに割り込んだり、自分が成功したり勝つことにこだわり自分でかってにルールを変えようとしたりする。ゲームのルールそのものの理解やチーム間の作戦を理解することが困難な場合がある。また、途中で抜けてしまうこともある。

身体の動きが機敏でなく不器用だったりするため、集団の遊びに参加しずらい面があります。動きを具体的に指示されないとよく動けないのです。また、ルールがよく理解できないため、臨機応変に動いていくゲームのおもしろさがうまくつかめず、何が楽しいのかがよく分かりません。その上、相手の裏をかくというような駆け引きや作戦立てはもともとひどく苦手なのです。身体に触れられることを嫌がっている場合もあります。

- ゲームのルールや遊び方の手順を絵カード等で示し、順を追ってていねいに説明する。

- ゲームの途中でも、ルールをその都度分かり易く説明してやることも必要。

- 他児に対し、「○○ちゃんにタッチする時はそっとする」といった取り決めをしておく。

ビンゴゲームをやろう!!

カードのまん中をあける

出た数字のところだけあける
③ ㉕ ㊶

41はないからあけません

数を確認しやすくする表示

対応を考える

- ゲームでは負けることもあることを事前に説明しておく。根気強い指導が必要。
- ゲームに負けた人はダメな人間ではない、一緒に遊べることが大切であると常々指導しておく。
- ゲームに負けて興奮しているときは意図的に無視をする（「計画的無視」）。落ち着いてからゆっくり諭す。

ゲームには負けるときもあります
- ルールを守ります
- ずるをしません
- まけても泣きません
- さいごまでやります

「ゲームのルールをちゃんと守ってるねすごいぞ」
「リーチ!!」
「ないよダメだよ…」

「負けても泣かなかったね さいごまでみんなとゲームができたね よくがんばった!!」

ゲームに勝つことよりも大切な価値観があることを地道に教えていく

高機能自閉症児には、身体の動きの不器用さがよくみられます。これは「見えないものはよく分からない」という認知の特徴からもきているようです。自分の身体なのに関節など各部位の位置がうまくとらえきれなかったりしていることもありそうです。したがって、ボディイメージを向上させる「ムーブメント教育」や「感覚統合療法」はかなり有効だと思われます。

# 一方的に話す

授業中当てられると、今の学習とは関係なく、自分が興味をもっていることを話し出す。会話のときも、状況に関係なく自分から話したい事柄を話し続け会話が成り立たない。話し出すと、話すことに夢中でなかなか止めることができない。自分の興味あることを話すことで満足している。

自分の興味あることには、周りの状況が見えなくなるくらい、没頭しています。そのことで頭がいっぱいになり空想の世界へ飛んでいってしまうのです。そのとき指名されると、突然その事柄を話し始めるのです。また、周りの状況や雰囲気を察することができず、そのため、今その話をしてよいかいけないかの判断が難しいともいえます。話し始めると、周りが嫌がっていることにも気づかず話し続けるのです。

| 好きな話題は、前もって話をする時間を決めておく。リラックスできる時間を設定する。 | 授業中話し始めたら、「その話は今はしない、休み時間にしましょう」とはっきり告げる。 |

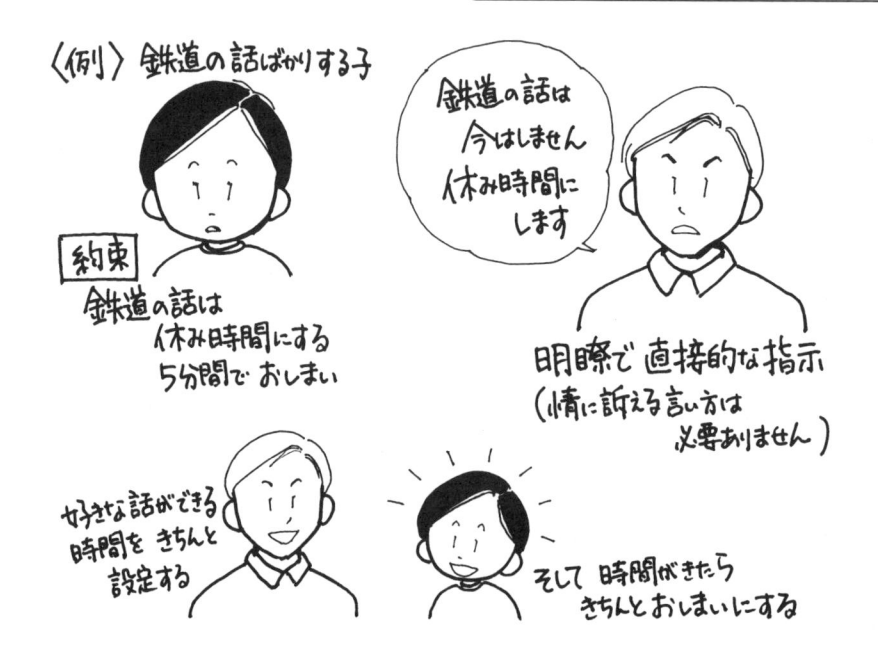

〈例〉鉄道の話ばかりする子

約束
鉄道の話は休み時間にする
5分間でおしまい

鉄道の話は今はしません
休み時間にします

明瞭で直接的な指示
(情に訴える言い方は必要ありません)

好きな話ができる時間をきちんと設定する

そして時間がきたらきちんとおしまいにする

**対応を考える**

本人の了解のもと、机に約束事を書いたメモを貼っておく。

関係ない事柄を話し始めたら、「口を閉じた絵カード」を提示する。

目で見たものは頭の中にとどまりやすい

口をとじる

その子にとってわかりやすい方法で

『約束』が複数の項目にわたってある場合
- 机に常時貼っておく
- カードにして必要なとき見せる
- スケジュール表の中に取り入れる
- 連絡帳に書かせる　etc.

いろいろなやり方を組み合わせてください

○ 遅延エコラリア
　以前聞いたことのあることばや本に書いてある文、ビデオの台詞などを覚えていて、そっくりそのままかなり時間がたってから再現することをいいます。無意味に発することもありますが、意味のある使い方の場合、暗記している台詞などをそっくりそのまま実際の場面に当てはめて使います。本人は表現したいことがあるのにどうことばで表現してよいか分からないとき、記憶の中にある台詞等をうまく当てはめて使うのです。妙に大人びた表現だったり、何か表現がおかしいなというものもあります。本人の伝えたいという気持ちを分かってあげましょう。

# ことばの内容が理解できていないようにみえる

何か指示されても、話を聞いていないようにみえたり、その内容がよく理解できないような表情をする。言われたことを理解しているかどうかが話し手に伝わりにくい。また、とんちんかんな返答をしたりする。

　指示とは関係のない周囲の物や音（刺激）に注意が向いている場合があります。また、「あれをして」「それを取って」などの指示に対し、周囲の状況から判断すれば私たちにはすぐに分かることでも、何を指示されているのかがうまく理解できません。複数のことを同時に言われると、どれを優先してよいか分からず、結局すべてがよく分からなくなってしまいます。他にも、遠回しに言われると、何のことを言われているのかを察することができず、誤ったとらえ方をしてしまうことも多いものです。

指示は具体的なことばで短く簡潔にまとめる。くどくど言ったり、一度に多くの指示を出したりすることは混乱を招く。

「あれ」「これ」「それ」などの指示代名詞は使わない。指示するときは具体的に表現する。

聴覚系の認知に困難がある場合　ことばによる指示はとてもむずかしい

**対応を考える**

> わざと、偶然、ふざけてなどの目に見えない部分の内容は、絵にして背景を説明する。

> 説明のときは、必要に応じて写真・絵カード等の視覚的な教材を用いる。

> 話の文脈の理解が困難なときは四コマまんが形式にするなどして説明し、流れを気付かせる。

おばあちゃんに わざと うそを言いました

① ぼく行かないよ／さとしおばあちゃんちに行くぞ
② だって行ってもつまんないもーん／やくそくしてたじゃないか
③ どうしよう／おばあちゃんに何て言おうか
④ さとしはこなかったのかい／急にサッカーの試合が入ってこれなくなったんだ／楽しみにしてたんだけどがっかりだね／さとしが「来たくない」って言ったのを話せばおばあちゃんは悲しむ

うそをつくのは悪い!!

その人の思いをふき出しなどで目に見えるようにする

おばあちゃんのことを思って言ったんだね

---

○ 聴覚系の認知に困難がある

　私たちは話を聞くとき、「聞き取りたい声」に注意を集中して他の音や声は自然に意識の外においています。その結果、「聞き取りたい声」の音量は増幅され他の音の音量は小さく意識されます。高機能自閉症児は聴覚系の認知に困難がある場合も多く、たとえば、周りの音や声がすべて発せられたとおりの強さでそのまま聞こえてしまっています。そのため、似たことばに聞き違えたりして、うまく話が理解できないのです。大きな声は、スピーカーの大音量のように音が歪んで聞こえているようです。したがって，大声で叱っても内容をうまくとらえきれません。

# 一番になることにこだわる

何でも一番になりたがり、いつも一番にならないと気がすまない。授業中に指名されないと怒ることがある。また、間違うことを極端に嫌がり、×をつけられたり、「違う」と言われると怒り出す。同じように、注意されることを極端に嫌う場合もある。

ぼくが1番!!

わがままというわけではなく、自閉症によくあるこだわり行動です。勝敗に強いこだわりがある子もいます。試合や競争では、誰でも負けることがあることを常に伝えておきましょう。負けたときに取るべき行動についても、どう行動すればよいのかも教えましょう。

「失敗は成功のもと」と常に教えておき、これを合い言葉にして自己コントロールさせる。
　　　　（教師）「失敗は？」　→　（本人）「成功のもと」

本人が、肯定感や達成感を感じられるような場面やゲームを途中で入れる。

失敗は　成功のもと

合い言葉があると 取り乱ししそうになったときの ブレーキになります

×　負けーっ

小さいときから身につけた価値観
「勝つこと・1番になること・○をもらうことがよいことである」

本人の好きな活動を うまく取り入れて気持ちの安定をはかる

その価値観を忠実に守って生活している ⇒ 新しい価値観を学習させる

対応を考える

# よい子のイメージへの基準の狭さ

「みんなと仲良くしなければならない」などの学校の価値観にしばられ、学習での規則や校則をかたくなに守ろうとする。学習で×をつけられるのは悪い子なんだ、試合や競争に負けるのはダメな子なんだと考えてしまう。

正直なので、よい子でいなければいけないとの思いが強いのです。また、学習での規則や校則を守っていることで心が安定しています。基準が決まっていることが分かりやすく、それを守っているほうが生きやすいからです。そのため融通がきかないことが原因でトラブルが起こったりしています。本人にとっては、規則を守っている正直な自分がなぜ悪者扱いにされるのかが納得できません。いじめの原因になっている場合もありますので留意しておきましょう。

正直に頑張りすぎることがあるので、無理をしないでよいものがあることを教える。無理をして続けているときは、こちらが意図的に止めてやるなどの配慮をする。

勝負に負けても悪い子ではない、頑張るプロセスが大切なんだと伝える。

正直すぎてうとまれ、いじめにあっている場合は、「校則を守ることは良いことだ」と、まず肯定する。しかし、「場合によっては、規則が守れないときもある」ということも併せて教える。

テストで ×をもらっても 悪い子では ないよ

×をもらっても 泣かないで やりなおしが できることは すばらしい
（新しい価値観）

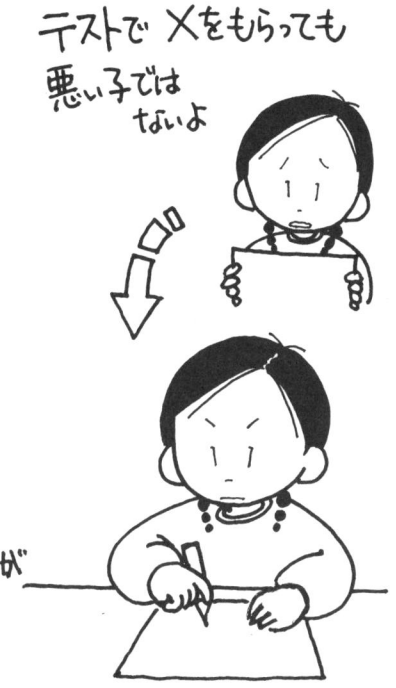

# 新奇場面や通常と異なる場面への適応の困難さ

> 行事の予定を知らせただけで嫌がる。式典などの行事への参加が最後までできない。途中で自分の好きなことを始めてしまう。予定通りに進行されないときは不機嫌になる。また、休み時間に現在ブームになっている遊びに誘われても行かない。

　もともと次の行動への切り換えが難しく、次の動作へなかなか移れないということはあります。新たな場面に出くわすと、どうすればよいのか、何をすればよいのかが分からず、その場で固まってしまうことがあります。通常とは異なる場所で異なる活動を行うときは、先の見通しがつかず不安なのです。社会見学などでは、臨機応変の行動が難しく、予定通りにすすまないと混乱してしまうこともあります。

　また、苦手なことや苦手な場面に直面したとき、周囲の助けを求める方法が未学習のため、暴れたり悪態をついたりしてしまっていることもあります。やり方が分からないときは「分からないので教えてください」と言えばよいのだと、日頃から教えておきましょう。

| 困ったときは「分かりません」と言うように教える。自分が困っていることを伝えないと、周りには分からないことを教える。 | 指示だけではなく、その場の状況や、しなければならない理由も説明する。 |
|---|---|

困ったとき助けを求める方法を教える

やだよ～

わかりません　教えてください

この言い方を知っているのと知らないのでは大きなちがいが出ます

ごく当たり前のように思えることが未学習のために彼らは困っているのです

**対応を考える**

- 行事では、指示が全体に向けられていることが多いので、再度個別に指示する。

- 行事では、ビデオや写真などで活動の内容をあらかじめ知らせておく。

- 時計を利用し、終了まであとどれくらいかなど、時間の見通しをもたせる。

- 行事の流れ（タイムスケジュール）を紙に書いて示す。

- 同じ話を繰り返し言い始めたときは、不安があるので横についておく。

学校には昨年の行事のビデオや写真が資料としてとってあるので それを利用

家庭の協力もえて

○ いわゆる「感覚遮断」（自分なりの防衛）
　皆さんの周りには、「自分に都合の悪いことは聞こえない」というとても良い性格の方はいませんか。今のは冗談だとして、障害児教育の分野では、子どもが自分にとって嫌な情報（刺激）を受け付けないために周囲の状況から意識を切り離しているように見える状態を、慣用的に「感覚遮断をしている」と表現しています。これと同じようなことが高機能自閉症児にも起こっているようです。処理不可能な情報（刺激）を受け付けないために身体を固めたり、「頭がオーバーヒートしている」と表現したりします。一時的に刺激を受け付けられない状態になるようです。

# パニックになる

> プール指導の前にシャワーをかけると泣き叫ぶ。音楽の時間、リコーダーの自由練習のとき、パニックになり机を倒して回る。図工の粘土の時間、全員で粘土を粘土板に打ちつけて柔らかくしようとしていたら、大声で叫びだす。

　パニックは、感覚過敏が原因のことが一番多いです。感覚過敏と一口に表現していますが、私たちが想像もつかないような身体感覚を持っているのかもしれません。「雨は当たると痛い」と感じている人は、当然プール前のシャワーは痛くてたまらないでしょう。きれいな音楽はよく聴くことができますが、リコーダーの自由練習などでは、すさまじい騒音で耳が痛いのでしょう。このような不快感をことばで表すことができず、泣き叫んだり暴れたりしているのです。パニックを起こさせないような配慮をまず考えましょう。また、暴れないですませられるための自分なりの術を身につけさせる学習も必要です。

- ストレスがひどいときは、息抜きができる場所を準備してやる。

- 下校時に一日の生活を振り返らせる。自己コントロールがうまくいった場面をほめる。

- 耳栓をする、シャワーではなく洗面器を使って自分でかぶるなど、感覚過敏に対する対応をする。

「おしゃべりをやめて口をとじなさい」

シャワーはだめだけどホースなら平気だよ

私語をつつしませる　落ちついた学習態度

周囲の教育環境を整えることでパニックが防げる場合もある

対応を考える

> パニックになっているときは、他児の安全を確保し、本人には「計画的無視」をする。

- 校内職員の連携が不可決です！！
- パニックを起こした子の指導
- 計画的無視（なだめたりはしないが様子はしっかりと見ておく）
- 他児の安全確保とともに本人の安全が確保されるスペースが必要です
- 周囲に危険なものがない刺激の少ない静かな部屋など
- 他児の指導　本児についての話や授業の進行

　「計画的無視」は「消去の原理」を使っていますが、このように障害児教育でよく使われる技法は高機能自閉症児にも有効だと考えます。「図の強調」「背向型の原理」「継続的接近の原理」「行動原則の活用（陽性強化の原理、罰の原理、消去の原理、陰性強化の原理）」などです。

※技法については姉妹書に分かりやすく説明しています。
（参考：『ADHD及びその周辺の子どもたち－特性に対する対応を考える－』）

> 　まれに、学校での対応のみでは難しい場合があります。先生方でも恐怖を覚えるような、暴力を伴う発作的興奮を繰り返すなどです。このような場合、通常学級のみでの対応は無理です。すぐに医療機関と連携してください。

# おわりに

　本書は、高機能自閉症やアスペルガー症候群に関して、教育相談の経験から幼稚園や小中学校の先生方に「とりあえず、これくらいは知っておいて欲しい」という内容をまとめたものです。そして、本書はあくまでも教育という視点から、実際に授業を行う上での必要な知識や具体的な考え方、そして子どもの見方などについて述べています。特に作成の視点としては、多忙な教師にとって、使いやすいもの、途中からどの頁を開いてもそれぞれに役に立つものという「見やすさ」「使いやすさ」「分かりやすさ」を考えました。

　自閉症への指導理論は、我が国では現在100以上あると言われています。しかし、生活全般や課題設定においての指導の基本は、本書で紹介した「視覚化と見通し（プロセスの明確な提示）」なのです。このことは、高機能自閉症でも同じことであり、特性に応じた対応を基本に沿って行うことが必要だと考えます。教師は、一つの「○○法」だけにこだわる必要はありません。特に欧米で行われている指導法は、我が国とは文化が違うということを考慮に入れた上で参考にしてください。いずれにしても、学校では「○○法」を直接行うのではありません。必ず、教育というスクリーンを通過させ、参考になるものは参考にするといった姿勢が重要です。

　高機能自閉症児は自分自身について悩んでいることも多いものです。特に感覚の過敏さについては、本人たちは生まれながらにずっとそうなので自分自身の違いに気づいておらず、ずっと苦しんでいるということを知っておいてください。教師が「高機能自閉症児は本人自身も困っている、横着ではない」と理解するだけで対応がずいぶんと違ってきます。最も重要なのは、不登校などの二次的な障害を防ぐことです。そのための指導であるといっても過言ではないでしょう。

　本書作成の途中に、佐世保市で大きな事件が起こってしまいました。「小6女児同級生殺害事件」です。加害女児については、精神医学的な病名が付くほどの障害には至らないが、軽度ながら発達障害などに多く見られる特性がある、と報道されています。このことは、子どもたち一人一人をこれまで以上に細やかに見ていく必要があることを示唆しています。

　発達障害児への指導の方法は特別な配慮を要する子どものみならず、全ての子どもたちへもより分かりやすい指導法となっています。本書で紹介した対応は、決してこれだけで十分なものとはいえません。ご自身が関わっている子どもたち一人一人に重ねて考え、工夫していただくことが何よりも大きな力となることでしょう。

　本書が、子どもたちの成長を支えたいと願う多くの仲間たちのささやかなひとすじの光となるならば、これ以上の喜びはありません。

# 参考資料

『今後の特別支援教育の在り方について（最終報告）』平成15年3月
特別支援教育の在り方に関する調査研究協力者会議
　　　　　　　　　　　　　　　　　　　　　より引用

・高機能自閉症の定義と判断基準

【参考】高機能自閉症：教育的対応のための定義・判断基準（試案）

文部科学省 H15.3

1　高機能自閉症の定義

> 　　高機能自閉症とは，3歳位までに現れ，①他人との社会的関係の形成の困難さ，②言葉の発達の遅れ，③興味や関心が狭く特定のものにこだわることを特徴とする行動の障害である自閉症のうち，知的発達の遅れを伴わないものをいう。
> 　　また，中枢神経系に何らかの要因による機能不全があると推定される。

※　本定義は，ＤＳＭ－Ⅳを参考にした。
※　アスペルガー症候群とは，知的発達の遅れを伴わず，かつ，自閉症の特徴のうち　言語発達の遅れを伴わないものである（ＤＳＭ－Ⅳを参照）。なお、高機能自閉症やアスペルガー症候群は、広汎性発達障害（Pervasive Developmental Disorders─ＰＤＤと略称）に分類されるものである（ＤＳＭ－Ⅳを参照）。

2　高機能自閉症の判断基準

> 　　以下の基準に該当する場合は，教育的，心理学的，医学的な観点からの詳細な調査が必要である。
> 　　1．知的発達の遅れが認められないこと。
> 　　2．以下の項目に多く該当する
>
> ○人への反応やかかわりの乏しさ，社会的関係形成の困難さ
> ・目と目で見つめ合う，身振りなどの多彩な非言語的な行動が困難である。
> ・同年齢の仲間関係をつくることが困難である。
> ・楽しい気持ちを他人と共有することや気持ちでの交流が困難である。
>
> 【高機能自閉症における具体例】
> ・友達と仲良くしたいという気持ちはあるけれど，友達関係をうまく築けない。
> ・友達のそばにはいるが，一人で遊んでいる。
> ・球技やゲームをする時，仲間と協力してプレーすることが考えられない。
> ・いろいろな事を話すが，その時の状況や相手の感情，立場を理解しない。
> ・共感を得ることが難しい。
> ・周りの人が困惑するようなことも，配慮しないで言ってしまう。
>
> ○言葉の発達の遅れ
> ・話し言葉の遅れがあり，身振りなどにより補おうとしない。
> ・他人と会話を開始し継続する能力に明らかな困難性がある。
> ・常同的で反復的な言葉の使用または独特な言語がある。
> ・その年齢に相応した，変化に富んだ自発的なごっこ遊びや社会性のある物まね遊びができない。
>
> 【高機能自閉症における具体例】
> ・含みのある言葉の本当の意味が分からず，表面的に言葉通りに受けとめてしまうことがある。
> ・会話の仕方が形式的であり，抑揚なく話したり,間合いが取れなかったりすることがある。

○興味や関心が狭く特定のものにこだわること
・強いこだわりがあり、限定された興味だけに熱中する。
・特定の習慣や手順にかたくなにこだわる。
・反復的な変わった行動（例えば、手や指をばたばたさせるなど）をする。
・物の一部に持続して熱中する。

【高機能自閉症における具体例】
・みんなから、「○○博士」「○○教授」と思われている（例：カレンダー博士）。
・他の子どもには興味がないようなことに興味があり、「自分だけの世界」を持っている。
・空想の世界（ファンタジー）に遊ぶことがあり、現実との切り替えが難しい場合がある。
・特定の分野の知識を備えているが、丸暗記であり、意味をきちんとは理解していない。
・とても得意なことがある一方で、極端に苦手なものがある。
・ある行動や考えに強くこだわることによって、簡単な日常の活動ができなくなることがある。
・自分なりの独特な日課や手順があり、変更や変化を嫌がる。

○その他の高機能自閉症における特徴
・常識的な判断が難しいことがある。
・動作やジェスチャーがぎこちない。

3．社会生活や学校生活に不適応が認められること。

※　ＤＳＭ－Ⅳ及び、スウェーデンで開発された高機能自閉症スペクトラムのスクリーニング質問紙ＡＳＳＱを参考にした。

参考文献等

【引用・参考文献】
○今後の特別支援教育の在り方について（中間まとめ）
　　　　特別支援教育の在り方に関する調査研究協力者会議　　（平成14年10月）
○今後の特別支援教育の在り方について（最終報告）
　　　　特別支援教育の在り方に関する調査研究協力者会議　　（平成15年3月）
○盲学校、聾学校及び養護学校学習指導要領（平成１１年３月）解説－自立活動編－
　　　　（幼稚部・小学部・中学部・高等部）　（文部省　平成１２年３月）
○学習障害（ＬＤ）及びその周辺の子どもたち　－特性に対する対応を考える－
　　　　尾崎洋一郎　草野和子　中村敦　池田英俊　（同成社）2000
○ＡＤＨＤ及びその周辺の子どもたち　－特性に対する対応を考える－
　　　　尾崎洋一郎　草野和子　錦戸惠子　池田英俊　（同成社）2001
○ＤＳＭ－Ⅳ　精神疾患の分類と診断の手引き　高橋三郎他訳（医学書院）1995
○高機能自閉症児　神尾陽子　「発達７８号」　（ミネルヴァ書房）1999
　　　　（引用・参考：本書Ｐ62「アスペルガーの洞察」の部分）
○自閉症児の保育・子育て入門　中根晃　（大月書店）1996
○アスペルガー症候群－高機能自閉症－　佐々木正美（子育て協会）2003
○気になる連続性の子どもたち　ＡＤＨＤ　ＬＤ　自閉症　佐々木正美　（子育て協会）2000
○すぐに役立つ　自閉症児の特別支援Ｑ＆Ａマニュアル　通常の学級の先生方のために
　　　　廣瀬由美子　東條吉邦　加藤哲文　（東京書籍）2004

○アスペルガー症候群と高機能自閉症の理解とサポート
　　　杉山登志郎 編著　　（学習研究社）2002
○実践障害児教育（2001年8月号 vol.338）　（学習研究社）2001
　　　アスペルガー症候群と高機能自閉症　　杉山登志郎
　　　幼児期に早期発見するには　　石川道子
　　　事例を通して見るその特徴と学校での対応　　石井　卓
○新たな自閉症理解－高機能自閉症とアスペルガー症候群をめぐって－
　　　太田昌孝　　「発達教育2001年6月号」（発達協会）2001
○高機能自閉症 アスペルガー症候群入門　－正しい理解と対応のために－
　　　内山登紀夫　水野 薫　吉田友子　（中央法規）2002
○ガイドブック アスペルガー症候群
　　　トニー・アトウッド著　冨田真紀 内山登紀夫 鈴木正子 訳（東京書籍）1999
○アスペルガー症候群を知っていますか？　（日本自閉症協会東京都支部）2002
○通常学級における集団参加が困難な児童生徒への指導の在り方
　　　迎 和人　「長崎県教育センター 紀要通巻191号」 2004
○自閉症教育実践ガイドブック　－今の充実と明日への展望－
　　　独立行政法人 国立特殊教育総合研究所　（ジアース教育新社）2004
○自閉症児の教育と支援　全国知的障害養護学校長会 編　（東洋館出版社）2003
○ＬＤ・ＡＤＨＤ・高機能自閉症の子どもたちへの支援の在り方
　　　柘植雅義「発達の遅れと教育 2003年7月号」（日本文化科学社）2003
○乳幼児から学童前期のこころのクリニック　宮本信也　（安田生命社会事業団）1992
○自閉児指導のすべて　全日本特殊教育研究連盟 編　（日本文化科学社）1983
○自閉児からのメッセージ　熊谷高幸　（講談社現代新書）1993
○こんな子どもたちがいることを知ってください－高機能広汎性発達障害の子どもたち－
　　　（岡山県高機能広汎性発達障害児・者の親の会）
○ＬＤ・ＡＤＨＤ特別支援マニュアル　－通常クラスでの配慮と指導－
　　　森 孝一　（明治図書）2001
○自閉症　黒丸正四郎　「情緒障害教育講義録」　（日本児童福祉協会）1978
○mindixぷらざ　2003・冬
　　　青年・成人期にもサポートが欲しい　梅永雄二他（安田生命社会事業団）2003
○アスペルガー症候群への理解を　門 眞一郎　（朝日新聞論壇）2001.1.19
○障害について、だれにどのように説明したらよいのだろうか
　　　田中康雄「実践障害児教育2003年12月号 vol.366」（学習研究社）2003
○実践障害児教育（2004年1月号 vol.367）　　（学習研究社）2004
　　　特集 高機能自閉症とアスペルガー症候群
　　　杉山登志郎　浅井朋子　安達 潤　並木典子　小石誠二　大河内 修
　　　山本祐子　水野 浩　木谷秀勝　大井 学　河邊眞千子
○実践障害児教育（2004年3月号 vol.369）　　（学習研究社）2004
　　　特集 自閉症の療育最前線－ＴＥＡＣＣＨの日本での今－
　　　佐々木正美　新澤伸子　井深允子　幸田 栄　中山青司
○発達の遅れと教育（2004年2月号 no.558）　（日本文化科学社）2004
　　　特集 最前線自閉症教育－特別支援教育での自閉症への対応－
　　　吉田昌義　山崎晃資　杉山登志郎 他
○そだちの科学　創刊1号　　　　　　　　　（日本評論社）2003
○ＮＨＫ障害福祉フォーラム　－自閉症を理解する－　講演資料
　　　佐々木正美　服巻智子（ＮＨＫ厚生文化事業団九州支局）2002.12.7
○ＮＨＫ福祉ネットワークこころの相談室「大人のアスペルガー症候群」

　　　　解説：梅永雄二　（ＮＨＫ教育ＴＶ　放送日　2005.2.8）
○「ＬＤをもつ人の就労・社会参加を考える」講演記録
　　　　梅永雄二　（東京ＬＤ連絡会主催講演会　1999.11.13）
○平成15年度シンポジウム「自閉症・アスペルガー症候群の理解のために」
　　　山崎晃資　岩永竜一郎　川崎千里　服巻智子　辻井正次　福田年之
　　　　（日本自閉症協会　長崎会場　2004.3.27）
○教師のためのＴＥＡＣＣＨプログラム　ノースカロライナ州にみる自閉症治療教育
　　　　エリック・ショプラー　佐々木正美（朝日新聞厚生文化事業団）ＶＴＲ1993
○発達の遅れと教育（1986年7月号臨時増刊 no.340）-（日本文化科学社）1986
　　　特集 自閉児指導のすべて
○発達の遅れと教育（別冊③　問題行動Ｑ＆Ａ）　（日本文化科学社）1990
○コミュニケーション障害の心理　大石益男　（同成社）　　　　1995
○自閉症児の国語（ことば）の教育　江口季好　（同成社）　　　2003
○自閉症治療の到達点　太田昌孝・永井洋子　編著　（日本文化科学社）1992
○自閉症治療の到達点②　認知発達治療の実践マニュアル
　　　太田昌孝・永井洋子　編著　（日本文化科学社）1992
○自閉症の謎 こころの謎　　熊谷高幸　（ミネルヴァ書房）1991
○弘済学園の教材とその活用法－児童期編－
　　　飯田雅子　三島卓穂　編著　（学習研究社）1991
○弘済学園の教材とその活用法－青年期編－　飯田雅子　三浦 啓　編著　（学習研究社）1992
○自閉症の療育者　Ｅ．ショプラー　佐々木正美 監修　（神奈川県児童医療福祉財団）1990
○自閉症の治療教育プログラム　Ｅ．ショプラー他著　佐々木正美 監訳　（ぶどう社）1985
○自閉症児の学習指導－脳機能の統合訓練をめざして－　佐々木正美　（学習研究社）1980
○自閉の世界　玉井収介　（日本文化科学社）1976

【自閉症本人が執筆】
○変光星　－ある自閉症者の少女期の回想－　森口奈緒美　（飛鳥新社）1996
○自閉っ子　こういう風にできてます！　ニキ・リンコ　藤家寛子　（花風社）2004
○私の障害　私の個性
　　　ウェンディ・ローソン著　ニキ・リンコ訳　杉山登志郎解説　（花風社）2001
○ずっと「普通」になりたかった
　　　グニラ・ガーランド著　ニキ・リンコ訳　（花風社）2001
○我、自閉症に生まれて
　　　テンプル・グランディン＆マーガレットＭ．スカリアノ　カニングハム久子訳
　　　（学習研究社）1994
○自閉症だったわたしへ　ドナ・ウィリアムズ　河野万理子訳（新潮社）1993

【ホームページ】

○日本自閉症協会京都府支部
○北海道こども心療内科氏家医院
○岡山県高機能広汎性発達障害児・者の親の会
○児童精神科医：門 眞一郎の落書き帳
○ことばと発達の学習室
○しましま島の男の子－ＡＤＨＤと自閉のボーダーラインにいる子どもの記録－

## 高機能自閉症・アスペルガー症候群及びその周辺の子どもたち

**著者略歴**

尾崎 洋一郎
　学校カウンセラー（日本学校教育相談学会認定）
・１９４９年生まれ
・１９７２年　長崎大学教育学部卒業
　　以来，長崎県内の養護学校・ろう学校へ勤務
　　その間，長崎県教育センター指導主事・主任指導主事
　　2010年3月長崎県立鶴南養護学校 校長を退職
・２０１０年４月よりスクールカウンセラー、長崎純心大学非常勤講師
・主な著書等：「訪問教育の指導の実際」（共著　慶応通信　1988）
　　「ＬＤ（学習障害）及びその周辺の子どもたち
　　　　－特性に対する対応を考える－」（共著　同成社　2000）
　　「ＡＤＨＤ及びその周辺の子どもたち
　　　　－特性に対する対応を考える－」（共著　同成社　2001）

草野 和子
・１９５９年生まれ
・１９８２年　長崎大学教育学部卒業
　　以来，長崎県内の小学校，長崎県教育センターへ勤務
・２０１４年より現職：長崎市立桜町小学校 教諭
・主な著書等：「ＬＤ（学習障害）及びその周辺の子どもたち
　　　　－特性に対する対応を考える－」（共著　同成社　2000）
　　「ＡＤＨＤ及びその周辺の子どもたち
　　　　－特性に対する対応を考える－」（共著　同成社　2001）
　　※ 本書他のイラストを担当

尾崎 誠子
・１９５３年生まれ
・１９７４年　長崎県立保育短期大学校卒業
　　以来，長崎県内の知的障害児施設・肢体不自由児施設へ勤務
　　長崎県立療育指導センター（現 長崎県立こども医療福祉センター）
　　元保育士

---

2005年5月10日　初版発行
2015年5月15日　第9刷

　　　　　著　者　尾崎洋一郎他
　　　　　発行者　山脇洋亮
　　　　　印　刷　㈲章友社
　　　　　　　　　モリモト印刷㈱
　　　　　製　本　協栄製本㈱

　　　　　発行所　東京都千代田区飯田橋
　　　　　　　　　4-4-8 東京中央ビル内　㈱同成社
　　　　　TEL. 03-3239-1467　振替 00140-0-20618

©Ozaki Yoichiro 2005. Printed in Japan
ISBN978-4-88621-323-5 C2037